HISTOIRE DU BATON

HISTOIRE

PHILOSOPHIQUE ET ANECDOTIQUE

DU BATON

DEPUIS LES TEMPS LES PLUS RECULÉS JUSQU'A NOS JOURS

PAR

ANTONY RÉAL

LES ORIGINES DU BATON
LE SCEPTRE ET LA CROSSE — LE BATON FÉODAL
LES SUPERSTITIONS DU BATON — US ET COUTUMES DU BATON
LES PEINES DU BATON — MONOGRAPHIE DE LA CANNE
LA CANNE DE M. THIERS ET LE BATON DU MARÉCHAL DE MAC-MAHON
LES VINGT-QUATRE PROVERBES DU BATON
LE BATON CIVILISATEUR???

LIBRAIRIE
DE LA SOCIÉTÉ DES GENS DE LETTRES

5, RUE GEOFFROY-MARIE

PARIS

DIX-NEUF LIGNES DE PRÉFACE

L'*Histoire du Bâton* manquait à notre littérature ; nous croyons donc avoir rempli une lacune en écrivant ce livre, que nous aurions pu intituler tout aussi bien l'*Histoire de l'Humanité*.

Et, en effet, nous voyons, dans tous les temps et chez tous les peuples, le bâton jouer des rôles si divers, sous tant de noms et tant de formes ; nous le voyons tellement associé à l'homme, dans sa vie publique et privée, qu'on pourrait presque dire que Homme et Bâton sont synonymes.

Il ressortira aussi de cette étude que, dans ses nombreuses attributions, le bâton est la chose du monde dont l'homme a le plus usé et abusé.

Chez les anciens, il était d'usage, quand un ami se mettait en voyage, de lui offrir un bâton. Je t'offre ce bâton, ami lecteur, c'est-à-dire mon livre. Si, pendant une heure, il peut être pour ton esprit un délassement agréable, je serai récompensé de mon travail.

ANTONY RÉAL (FERNAND-MICHEL).

LIVRE PREMIER

LES ORIGINES DU BATON

~~~~~~

CHAPITRE PREMIER

LES BATONS LÉGENDAIRES

La légende du bâton d'Adam. — La légende du bâton de Moïse.
— La légende du bâton d'Aaron.

I

Le bâton est aussi ancien que le monde, il date du premier arbre ; son rôle, à travers les âges, a commencé avec le premier homme.

Quand Adam eut perdu son innocence, et avec l'innocence sa force native, Dieu, pour ne pas l'abandonner à la fureur des animaux, dont il l'avait fait roi, voulut lui donner une arme pour se défendre, une arme qui fût en même temps un signe matériel de son autorité sur la terre, — et il lui donna le bâton.
~~~~~~

Comment cette origine s'explique-t-elle? Trois légendes vont nous le dire :

La légende du bâton d'Adam,

La légende du bâton de Moïse,

La légende du bâton d'Aaron.

II

LA LÉGENDE DU BATON D'ADAM

Le Seigneur, après avoir créé Adam, lui donna l'empire de la terre et le sacra roi de tous les animaux, et les animaux, dociles à sa voix, lui obéissaient. Mais le jour où, en mangeant le fruit défendu, il se fut mis en révolte contre le Créateur, les animaux cessèrent de lui obéir et se révoltèrent à leur tour.

Dans cette extrémité, Adam invoqua le Seigneur.

Et le Seigneur lui dit :

« Puisque tu n'as pas su régner sur les bons, règne sur les méchants; puisque tu n'as pas su te faire aimer, fais-toi craindre.

— Mais, Seigneur, comment pourrai-je me faire craindre des bêtes féroces qui me menacent? Comment pourrai-je encore exercer votre empire si l'on refuse de m'obéir? »

Le Seigneur lui répondit :

« Prends une branche de l'arbre le plus près de toi,

fais-t'en une arme et frappe sur le premier animal qui ne te sera point soumis. »

Adam prit la branche, qui aussitôt, se dépouillant d'elle-même de ses feuilles, forma un bâton proportionné à sa taille.

Quand les animaux virent cet instrument aux mains de l'homme, une crainte instinctive, mêlée de surprise, s'empara d'eux, et ils n'osèrent l'attaquer. Seul un lion, plus audacieux que les autres, se précipite pour le dévorer, mais Adam, qui se tient sur ses gardes, lui assène sur la tête, avec la rapidité de l'éclair, un terrible coup de son bâton et le lion tombe terrassé !

A cette vue, la frayeur des autres animaux fut si grande qu'ils s'approchèrent, en tremblant, jusqu'aux pieds de l'homme, et qu'ils léchèrent, en marque de soumission, le bâton dont il était armé.

Dès ce moment, ajoute la légende, Adam eut reconquis son empire, et les animaux le reconnurent encore pour roi.

Le bâton devint une des principales prérogatives accordées à l'homme. Seul, de tous les êtres de la création, il eut la faculté d'en discerner l'usage, le droit de le porter et le pouvoir de s'en servir (1).

---

(1) Certains philosophes ont prétendu que le singe savait aussi se servir du bâton, voulant prouver par là que l'homme n'est qu'un orang-outang perfectionné. Cette preuve serait concluante si elle était juste, mais on sait que cet intéressant quadrumane n'agit que par imitation.

III

LA LÉGENDE DU BATON DE MOÏSE

Moïse, sachant que ses frères d'Israël gémissaient sous le joug de Pharaon, avait osé manifester sa haine contre les ennemis de sa patrie; mal lui valut de son patriotisme, car, décrété d'accusation, il fut contraint de s'enfuir d'Égypte et de s'exiler de l'autre côté de la mer Rouge, dans le pays de Madian.

Moïse avait alors quarante ans. Or, comme il se reposait un jour, sous un figuier, près d'un puits, il vit s'avancer vers lui, sa cruche à la main, une jeune fille qu'il reconnut pour être de la famille de Jéthro, prêtre madianite.

Cette jeune fille s'appelait Séphora.

Et l'ayant trouvée belle, il lui proposa de la prendre pour femme.

« Seigneur, répondit la jeune Madianite, ce que vous me demandez là est rempli de dangers pour vous; ne savez-vous pas que mon père, qui est magicien, exige que tous ceux qui demandent une de ses filles en mariage aillent lui chercher un bâton qu'il a planté dans son jardin... et que ce bâton a donné la mort à tous ceux qui l'ont touché jusqu'à ce jour.

— Et d'où vient ce bâton à Jéthro? » demanda Moïse.

Séphora répondit :

« Dieu créa ce bâton au commencement du monde et le donna à Adam ; Adam le laissa à Énoch, Énoch à Noé, Noé à Sem, Sem à Abraham, Abraham à Isaac, Isaac à Jacob, qui l'emporta en Égypte et le donna à Joseph. — Joseph étant mort, les Égyptiens pillèrent sa maison, où, ayant trouvé ce bâton, ils le portèrent au palais de Pharaon. Mon père était alors un des principaux magiciens de la cour ; il n'eut pas plus tôt aperçu ce bâton qu'il en devina la céleste origine et l'emporta chez lui. A peine arrivé, il l'enfonça à terre, dans son jardin, en disant : « Nul ne touchera ce bâton sans être « frappé de mort, s'il n'est l'élu du Seigneur ! »

Malgré ces paroles de la jeune Madianite, Moïse, poussé par une force divine, alla trouver Jéthro et lui demanda Séphora en mariage.

« Je vous donnerai ma fille, répondit Jéthro, si vous allez prendre un bâton qui est planté dans mon jardin et me l'apportez... »

Et Moïse alla dans le jardin, prit le bâton et l'apporta à Jéthro.

Le magicien, surpris que Moïse n'eût pas été frappé de mort, le regarda comme un faux prophète qui jetterait la désolation dans Israël. Dans cette pensée, il le fit précipiter dans une fosse pour le faire mourir de faim, mais Séphora eut le moyen de le nourrir à l'insu de son père. Au bout de sept années, Jéthro ayant regardé dans la fosse, trouva Moïse en bonne santé. Alors le magicien comprit que celui qui avait touché son bâton était l'élu du Très-Haut; il lui donna sa fille Séphora en mariage et lui confia la garde de ses troupeaux.

Quarante ans après son mariage, Dieu donna l'ordre à Moïse de retourner en Égypte, et comme il hésitait à obéir :

« Ne craignez rien, lui dit le Seigneur, car ceux qui voulaient vous ôter la vie sont morts; allez et faites sortir mon peuple d'Égypte.

— Mais, Seigneur, comment Pharaon m'écoutera-t-il, étant, comme je suis, incirconcis des lèvres (bègue).

— Vous direz à Aaron, votre frère, ce que je vous ordonnerai. Ce sera lui qui parlera pour vous, car je sais qu'il est éloquent. »

Le prophète alors prit congé de Jéthro, qui lui donna le bâton créé par Dieu lui-même au commencement du monde. De ce bâton miraculeux, Moïse ne s'en sépara jamais; nul autre, pas même Josué, son disciple et son successeur, ne l'a porté après lui. Quand il monta sur le mont d'Abarim pour y mourir, il voulut que son bâton fût enseveli avec lui.

Josué ne trouva dans l'arche d'alliance que le bâton non moins miraculeux d'Aaron.

I V

LA LÉGENDE DU BATON D'AARON

Le bâton d'Aaron est intimement lié à celui de Moïse, même les deux semblent souvent n'en faire qu'un. Il ne serait pas impossible que les deux frères eussent mis leur bâton en commun, pour se servir également de l'un ou de l'autre, suivant les nécessités du moment.

A cette même heure où Dieu apparaissait à Moïse, il apparaissait aussi à Aaron et lui disait, en lui présentant un bâton :

« Aaron, prenez ceci ; ce sera l'instrument dont vous vous servirez pour faire des miracles..... et allez à la rencontre de votre frère jusque dans le désert. »

Aaron, obéissant à Dieu, partit.

Les deux frères se réunirent sur le mont Horeb, et ils allèrent ensemble annoncer aux anciens d'Israël la volonté de Dieu.

Peu de temps après, plus de cinq cent mille Israélites, en habit de voyage et le bâton à la main, sortaient d'Égypte sous la conduite de Moïse et d'Aaron, et entreprenaient leur voyage prodigieux à travers les monts et les mers.

Les deux frères accomplirent tour à tour, au moyen de leur bâton, des prodiges que vainement voulurent imiter les magiciens de Pharaon. Ces prodiges sont trop connus pour qu'il soit utile de les citer.

Moïse fut le chef politique de son peuple, Aaron le chef religieux. Tous deux semblent avoir reçu le bâton comme signe de leur puissance royale chez l'un, sacerdotale chez l'autre.

Et c'est ainsi que nous verrons, dans la suite des temps, ce bâton devenir, entre les mains des rois et des prêtres, l'emblème de l'autorité divine et humaine, la représentation du pouvoir spirituel et du pouvoir temporel.

CHAPITRE II

LES CONTROVERSISTES DU BATON

Les théologiens de Leyde et d'Amsterdam. — A quelle heure Ève mangea-
t-elle la pomme? — La question du bâton. — De quel bois était fait celui
d'Adam? —Les bâtons miraculeux. — L'arbre du bien et du mal. — Avec
quelle arme Abel fut-il tué ? — Le bâton de Caïn.

I

L'origine du bâton a longtemps excité la curiosité des
savants. Des théologiens du XVIIe siècle se sont même
demandé de quel bois était fait le bâton du premier
homme.

A cette époque de controverses religieuses, les livres
de Moïse furent particulièrement commentés, discutés ;
les choses les plus inexplicables de la création trouvèrent
des savants pour les expliquer. Chaque verset de la Genèse provoqua une polémique. On voulait avoir la raison
de tout. On alla jusqu'à rechercher le jour et l'heure où
Dieu chassa Adam du paradis terrestre. —M. Caillé soutenait sérieusement, dans sa dissertation sur les sibylles

1.

et les oracles, que c'est un vendredi, à neuf heures précises du matin... Eve lui ayant fait manger la pomme à
six heures non moins précises...

II

La question du bâton, les controversistes la discutèrent
surtout avec passion, par bonheur de la plume seulement.

Les querelles théologiques étaient si violentes alors
que celle-ci aurait fort risqué de se vider à coups de
l'instrument qui faisait l'objet de leur controverse, si les
adversaires se fussent trouvés en présence; mais les uns
écrivaient de Leyde et les autres d'Amsterdam.

Or, les théologiens de Leyde soutenaient que le bâton
donné par Dieu lui-même à Adam sortait d'un amandier;
ils le prouvaient par celui d'Aaron, qui ne pouvait être
que de ce bois, puisque, ayant été placé dans l'arche
d'alliance, il y avait fleuri et mûri des pistaches. Ce mi-
racle ne s'est-il pas renouvelé dans les temps modernes?
disaient-ils à l'apui de cette thèse : « Qui ne sait que
« saint Pierre d'Alcantara, après avoir refusé d'être le
« confesseur de l'empereur Charles-Quint, ayant planté
« en terre son bâton de voyage, ce bâton devint de suite

« un figuier verdoyant sous lequel le saint moine put
« trouver un ombrage salutaire. »

Les théologiens d'Amsterdam prétendaient que le bâton d'Adam avait été pris sur l'arbre de la science du
bien et du mal, et que notre premier père l'avait fait de
la branche même sur laquelle s'était posé le serpent
pour séduire Eve. Ils donnaient pour raisons les méta-
morphoses du bâton qui, entre les mains de Moïse, fut
changé en serpent, et de serpent redevint bâton. « Et
« puis, écrivait l'un d'eux, le bâton n'est-il pas un bien
« ou un mal, suivant qu'il nous sert d'appui ou que nous
« en faisons une arme offensive? »

D'autres savants prouvaient, par des raisonnements
tout aussi judicieux, que ce fameux bâton ne pouvait
être qu'un cep de vigne, témoin celui de Bacchus, le plus
ancien et le plus populaire des dieux.

III

Cette grave question en avait soulevé une autre tout
aussi grave. — Les controversistes sont insatiables dans
la recherche de la vérité. Quand on interroge ce livre
mystérieux du commencement du monde, une question
en amène toujours une autre.

Après s'être demandé de quel bois était fait le bâton

de notre premier père, on voulut savoir de quelle arme se servit Caïn pour tuer son frère Abel.

Là aussi les opinions furent très-partagées. Les savants de Leyde s'en rapportèrent aux peintres, qui ont toujours représenté le meurtrier d'Abel armé d'une mâchoire, mais ceux d'Amsterdam prétendirent que le crime fut commis au moyen d'un bâton : « Pourquoi faut-il, s'écrie François Vossius, auteur d'un poëme patriotique imprimé à Amsterdam en 1640, pourquoi faut-il que le bâton de Caïn se soit perpétué sur la terre, et qu'il en ressorte si souvent, entre les mains des rois, la tache de sang originelle? »

CHAPITRE III

LA DIVINITÉ DU BATON

Le culte du bâton. — La haste d'autrefois. — La haste d'aujourd'hui.
— Le bâton des dieux. — Le bâton des héros.

I

La tradition ayant donné au bâton une origine céleste, il n'est pas surprenant que les premiers hommes l'aient regardé comme divin, et qu'en mémoire de ce culte antique, la mythologie en ait armé les dieux, les poëtes, les héros.

Les anciens rendaient aux emblèmes de la divinité le même culte qu'à la divinité elle-même. Le soleil fut leur premier dieu, et ils n'eurent garde de ne pas lui donner un bâton (1). Les Egyptiens célébraient avec grande

_____

(1) Le bâton du Soleil était terminé par un œil. L'œil voulait dire prévoyance ; le bâton, autorité. C'est ainsi que les anciens représentaient Osiris et son fils Harpocrate.

pompe la *fête du bâton du Soleil*, dans les premiers jours d'octobre. Ils supposaient que cet astre avait besoin de ce soutien, après l'équinoxe d'automne.

II

Le bâton était plus particulièrement révéré sous le nom de haste, de lance, de pique.

Dans l'antiquité la plus reculée, c'est la haste d'abord — un long bâton sans fer ni aucun ornement — qui reçoit les honneurs divins. C'était l'attribut des dieux bienfaisants. On le donnait à presque toutes les déités pacifiques.

Cérès porte la haste d'une main et un épi de l'autre.

Ce culte de la haste s'est perpétué jusqu'à nos jours. Seulement, le fer a remplacé le bois. Elle n'en est pas moins restée pacifique. On ne l'adore plus... mais on lui dresse encore des *hôtels*, où elle est vénérée sous le nom de *la broche*.

Sous cette dénomination chère aux gastronomes, la haste a conservé ses attributions bienfaisantes.

III

Un bâton qui a été particulièrement révéré dans l'antiquité est celui de Bacchus, — le thyrse, — un cep de vigne, suivant l'opinion des auteurs juifs. « Heureux les « pays, dit l'un d'eux, où l'attribut de la souveraineté, « au lieu d'être un bâton armé d'un fer meurtrier, n'é- « tait qu'une simple branche de l'arbuste divin, qui « symbolise la force active et enivrante de la nature. »

Un bâton qui, entre tous, avait des droits à l'adoration des mortels, était celui de Mercure, le caducée. La Fable raconte qu'Apollon le donna à ce dieu, qui, à son tour, lui fit présent de la lyre.

Si le bâton de Mercure fut un des plus vénérés, c'est qu'il était un messager de paix.

IV

Les héros, à l'imitation des dieux, reçurent ce signe de la toute-puissance. Homère représente Idoménée, Ajax, Hector, Patrocle, Achille, armés de bâtons en forme de piques. La pique d'Achille était si forte et si pesante, dit le poëte, qu'aucun Grec ne pouvait s'en servir. Le

centaure Chiron l'avait coupée lui-même sur les sommets
du mont Pélion, et l'avait donnée à Pelée, afin qu'un
jour elle fût teinte du sang de plusieurs héros.

Le sceptre d'Agamemnon, conservé à Chéronée, était
la principale divinité du lieu. C'était un long bâton armé
d'un fer en forme de lance, et qu'on adorait sous le nom
de *la lance*. Ce bâton divin n'avait pourtant pas une acception purement morale. Agamemnon l'ayant prêté mo-
mentanément à Ulysse, celui-ci s'en servit pour en as-
sommer un soldat grec qui fuyait et pour accomplir
maintes autres prouesses.

Ce qui prouve que ce symbole de l'autorité agissait
surtout matériellement.

V

Pendant bien des siècles, le bâton a été la seule arme
de guerre, en même temps que le seul attribut de la toute-
puissance. Il est donc à supposer — l'autorité étant
alors toujours accordée au plus fort — que, celui-ci pouvant manier le plus gros bâton, la vénération qu'il inspirait était due à la crainte de son bras bien plus qu'à
l'origine céleste de son arme.

N'est-ce pas aussi pour inspirer cette crainte salutaire
que les premiers rois se prétendaient toujours être les

descendants d'Hercule, et qu'ils ne se présentaient jamais à leur peuple qu'armés de la massue, c'est-à-dire d'un gros bâton noueux.

Les peuples modernes ressemblent en ceci beaucoup aux peuples primitifs. L'autorité doublée d'un sabre — un bâton d'un autre genre — leur inspire souvent une soumission dont le sabre seul pourrait revendiquer l'honneur.

Les hommes ne doivent jamais avoir bien éprouvé l'amour platonique du bâton, — ils n'ont jamais fait que le craindre.

CHAPITRE IV

LE BATON ANTÉ-HISTORIQUE

Le bâton de l'âge du renne. — Le bâton des descendants de Jabel. —
La première arme de guerre. — A quelle nation faut-il l'attribuer ? —
Les conquérants ravageurs d'autrefois. — Ceux d'aujourd'hui.

I

Heureux temps où les hommes ne portaient un bâton
à la main que pour se défendre contre les bêtes féroces.
De ces bâtons primitifs, l'archéologie anté-historique
nous en montre encore des modèles.

Un dard, formé d'un os d'animal ou taillé dans les bois
du jeune renne au moyen d'un couteau de silex, est artistement fixé au bout d'un long bâton. Et quand je dis
artistement, c'est avec intention ; malgré la simplicité
extraordinaire et la grossièreté du travail, on voit déjà
que le goût y a présidé et que l'artiste s'est ingénié à
fixer avec solidité le dard au corps de l'arme.

Ah ! c'est qu'alors l'existence des hommes n'était pas

tourmentée comme de nos jours. La chasse et la pêche
suffisaient à leurs besoins, et si l'on peut dire que la
nécessité est mère de l'industrie, on peut dire aussi que
les loisirs d'une vie facile engendrent les arts.

II

Heureux temps aussi où les descendants de Jabel, le
premier des pasteurs, ne se servaient du bâton que pour
la garde des troupeaux. Tubalcaïn avait bien enseigné
aux hommes l'art de forger les métaux, mais les descendants d'Abel, père des laboureurs, ne l'employèrent
longtemps que pour le hoyau et la charrue. Ils ne son-
geaient point encore à armer d'un fer meurtrier le bâton
pacifique qui leur servait d'appui.

Il me semble les voir ces premiers habitants de la terre,
disséminés familles par familles, tribus par tribus, sur
les bords des grandes rivières, au milieu des bois et des
prairies, n'ayant que des troupeaux de brebis pour toute
fortune, la crainte du Seigneur pour seule loi. Ils ado-
raient Dieu dans ses œuvres ; ils vénéraient les vieillards
et suivaient leurs conseils. Jamais sceptre n'aura été res-
pecté comme le bâton de ces vieillards, jamais parole
n'aura été écoutée comme celle de ces livres vivants
quand ils transmettaient à leurs contemporains la tradition des ancêtres.

III

Peu à peu les hommes se multiplient, les tribus se réunissent, on fonde des cités... Mais la haine et l'envie, ces ferments abominables, sommeillent encore au fond des cœurs... La race de Caïn semble éteinte.

Pendant combien de siècles les hommes ont-ils vécu dans cet état de calme félicité?... A quelle époque se sont-ils servis de leur bâton pour s'entre-tuer?... Quel démon a-t-il réveillé l'instinct féroce qui les animera un jour?... A quelle nation faut-il attribuer la transformation du bâton en arme de guerre?... C'est ce qu'on ne peut établir avec certitude.

IV

Les auteurs juifs croient qu'il n'y eut point de guerre avant le déluge. Tout ce que Justin rapporte de Sésostris, roi d'Égypte, et de Tanaïs, roi des Scythes, est fabuleux. On croit que c'est Ninus, fondateur de l'empire des Assyriens, qu'il faut accuser d'avoir introduit cette calamité dans le monde. Quelques auteurs en accusent Bélus, d'où ils font dériver *bellum*, qui était le nom de la guerre.

Ce Bélus était fils de Nembroth, le premier tyran qui se soit servi du bâton pour terrifier ses semblables. Il vivait, comme Ninus, du temps d'Abraham, c'est-à-dire 3000 ans avant Jésus-Christ. Sidon et Tyr avaient alors cette grandeur dont Ezéchiel, longtemps après, nous a tracé un si brillant tableau.

« Tout à coup, dit un historien, une armée venue d'Arabie fait irruption en Egypte. Ces étrangers ont pour combattre des bâtons armés de pointes d'os et des haches de pierre, ils trouvent des peuples n'ayant pour toute défense que le bâton, sur lequel est inscrit le nom de leur tribu, et ne tardent pas à les subjuger. »

Ces barbares s'abattirent dans les champs égyptiens comme une nuée d'oiseaux de proie, ils semèrent partout la désolation et la mort, détruisant tout ce qui pouvait nuire à l'établissement de leur domination. C'étaient de véritables conquérants ravageurs. Les chefs, que Champollion-Figeac appelle rois-pasteurs, portaient, comme marque de leur dignité, un long bâton armé d'une lance.

V

Les conquérants d'aujourd'hui sont-ils moins ravageurs que ceux d'autrefois?...

Les envahisseurs de la France en 1871 n'ont-ils pas

donné au monde un spectacle plus effrayant encore de la barbarie humaine, que celui qu'il y a près de cinq mille ans donnèrent les envahisseurs de l'Egypte?...

Le sceptre d'or des rois allemands n'est pas moins odieux que le bâton ferré des rois-pasteurs.

CHAPITRE V

LE SCEPTRE

I

LE BATON EST LE ROI DU MONDE. Ce proverbe, dont le sens général est que la force règne sur la terre, pourrait résumer toute l'histoire du bâton.

Nous avons vu le bâton forcer les animaux à rester soumis à Adam. Nous allons le voir maintenant produire le même effet sur les hommes. Nous suivrons cet instrument du pouvoir exécutif dans les divers rôles qu'il a joués depuis l'origine des sociétés entre les mains des rois, des prêtres, des guerriers, des magistrats, des augures, et enfin de tous les délégués de l'autorité auxquels il a été assigné comme attribut et comme signe de commandement.

Nous commencerons par le sceptre, cet emblème admirable des rois-bergers de l'antiquité, dont la houlette avait donné l'idée.

II

Nous ne prendrons pas le sceptre à ses commencements, alors qu'il n'était encore que l'attribut des chefs pacifiques des premières familles de pasteurs, alors qu'il s'appelait simplement « un bâton », et que sa seule marque distinctive était le nom de la tribu qui vivait sous son joug paternel.

Nous ne le prendrons pas à l'époque où, l'esprit de domination se réveillant, l'emblème de l'autorité cesse d'être la *hasta pura,* la pique sans fer, pour devenir le bâton ferré. Dès lors, le bâton des chefs devient, entre leurs mains, une arme redoutable; il prend un nom et des ornements particuliers et inspire à la fois la crainte et le respect.

Du jour où l'égalité du bâton a cessé de régner sur la terre, la tyrannie a commencé.

III

Nous ne remonterons pas non plus au jour où les Israélites, mécontents des juges qui les gouvernaient, furent assez fous pour demander un roi.

« Le Seigneur vous donnera un roi, si vous le voulez absolument, leur dit le voyant Samuel, mais prenez garde, son sceptre sera pesant : il prendra vos fils pour la guerre, vos filles pour ses plaisirs et vos biens pour les distribuer à ses courtisans. »

Les Israélites insistèrent, et Dieu leur donna Saül, un berger qui, en ce moment, gardait les troupeaux de son père.

Les prédictions de Samuel s'accomplirent. Aussitôt que le berger fut devenu roi, il leva des impôts, se composa une cour et fit la guerre à ses voisins !...

Saül inaugure dignement la puissance de ces premiers oints du Seigneur qui, pendant des siècles, se livreront des guerres continuelles et répandront partout la désolation, la terreur et la mort, jusqu'au jour où le sceptre d'Israël, souillé du sang d'Iboseth, d'Urie et de Joab, sera brisé pour toujours par le sceptre romain.

IV

Comme dans les temps héroïques, entre les mains de ces premiers rois, le signe de la toute-puissance agissait surtout matériellement, témoin Saül qui, jaloux de la gloire que David s'était acquise par la défaite de Goliath, tenta de le tuer d'un coup de la lance qui lui servait de sceptre. « David se détourna et évita le coup par deux fois, » dit le livre des Rois.

On voit par là que les monarques d'alors ne dédaignaient pas de se faire justice eux-mêmes, et que leur sceptre n'était guère qu'un énergique moyen de commandement, un argument irrésistible d'obéissance.

Cet attribut de la royauté, bien plus ancien que la couronne, en cessant d'être la haste pure, emblème pacifique des premiers patriarches, était devenu un bâton de guerre, armé d'un fer en forme de lance, auquel les Grecs seuls donnaient le nom générique de sceptre !

« Il est sorti de Zabulon des héros qui conduisaient « les troupes avec le sceptre et le bâton, » dit le livre des Juges.

V

Le métier de roi n'était pas alors une sinécure comme de nos jours. Les monarques n'avaient point de châteaux forts pour s'abriter et de nombreux satellites pour les défendre ou exécuter leurs volontés. Pendant les guerres, ils couchaient sous la tente comme leurs soldats, et, s'ils étaient attaqués, ils devaient se défendre eux-mêmes. Aussi leur sceptre, c'est-à-dire leur lance, ne les quittait jamais. Nous en avons un exemple dans Saül, qui avait la sienne à table lorsqu'il voulut en percer son fils Jonathas, et qui l'avait encore au pied de son lit la nuit où David entra dans son camp, accompagné d'Abisaï (1).

____

(1) Même du temps de Romulus, les rois portaient encore des lances ou des piques en guise de sceptre.

Les chefs francs, qu'on élevait sur les pavois pour leur nomination, por-

VI

C'est Tarquin l'Ancien qui, le premier, a porté le sceptre à Rome et l'a adopté comme ornement royal. C'est aussi le premier qui y ait placé un aigle. Ce sceptre, fatal au roi fastueux qui s'en était paré, semble être donné en exemple aux rois de l'avenir.

Un coup de bâton ferré (cognée) arrache la vie avec le sceptre à ce monarque. Servius Tullius est élu roi; mais, après un règne de plus de quarante ans, sa fille le fait assassiner, et Tarquin le Superbe s'empare de ce sceptre déjà deux fois ensanglanté.

Ce sceptre couvert de sang était bien digne des mains du tyran cruel qui, dans son jardin, abattait des têtes de pavots avec son bâton (1), pour indiquer à Sextus, son fils, qu'ainsi il fallait abattre des têtes d'hommes!!!

---

taient une lance comme emblème du pouvoir souverain dont on les investissait.

Le roi Gontrand donna l'investiture du royaume de Bourgogne à Childebert II, en lui mettant sa lance en main.

Les rois Carloman et Charlemagne, son frère, sont peints, dans un ancien manuscrit, tenant à la main une lance assez courte dont le fer a deux crocs recourbés qui forment une espèce de fleur de lis, et qui rendent par là cette lance assez semblable à la manière dont, par la suite, on a fait le sceptre de nos rois. Charlemagne en avait un qui était justement de la hauteur et peu différent du bâton pastoral, puisqu'un évêque, pendant l'absence du roi, demanda permission à la reine de s'en servir pour célébrer l'office divin.

(1) En ceci, Tarquin avait suivi l'exemple de Trasybule, tyran de Milet;

En ce même moment, le jeune Brutus méditait le renversement de la royauté, en offrant à l'oracle de Delphes un bâton de sureau dans lequel était enfermée une baguette d'or. Peu de temps après, ce bâton, objet de risée, avait brisé le sceptre du superbe Tarquin. — Et la République était proclamée !

VII

Le bâton n'était plus déjà, entre les mains des chefs des nations, un simple morceau de bois dont ils se servaient comme appui ou comme arme défensive. Le cuivre, l'argent, l'or, les pierres précieuses en avaient remplacé le fer. Il n'était plus le signe de la force matérielle, il représentait la force morale ; il avait cessé d'être une arme, il était devenu un emblème, un ornement royal. Voilà pourquoi on lui avait donné le nom plus fastueux de sceptre.

Cicéron est le premier des écrivains latins qui se soit servi de ce mot grec.

VIII

Le sceptre est un faste de plus entré dans Rome avec

---

ce monarque, consulté par Périandre sur la manière dont il devait traiter les Corinthiens, mena le messager dans un champ de blé, et, de son bâton, abattit les épis les plus élevés.

les arts et les coutumes de la Grèce. Les rois et les empereurs y placèrent l'aigle, avec le mot *consecratio* écrit au revers et autour, comme figure symbolique du grand triomphe dont Tarquin l'Ancien avait donné le premier l'exemple.

IX

Le voyez-vous, le triomphateur, revêtu de la robe royale, le front couronné de lauriers, tenant à la main un sceptre d'ivoire, symbole de l'apothéose. Il est debout dans un char magnifique. Quatre chevaux blancs le conduisent, à travers des flots de peuple, au temple de Jupiter Capitolin ; des victimes humaines, chargées de fers et destinées à être immolées, lui font cortége. Le sénat le précède ; des vivats, des acclamations retentissent... Pourquoi ces vivats? Pourquoi ces acclamations? Quel grand service a rendu à la société cet empereur triomphant, qui demain sera peut-être mis au rang des dieux? — C'est que le héros a fait tuer cinq mille hommes!

Il ne fallait pas moins de ce chiffre de victimes pour avoir droit à la grande ovation.

Pendant des siècles encore, le sceptre triomphera ainsi aux acclamations du peuple. Devant lui, tout respirera la terreur et la servilité... Tout s'inclinera, se prosternera... le bâton royal sera dieu!...

Et les foules stupides applaudiront à ces extravagances impies!

L'orgueil des empereurs deviendra si profond, que non-seulement ils voudront être mis au rang des dieux de leur vivant, mais encore qu'ils feront placer un sceptre égal au leur dans les mains des statues de Jupiter. Leur audace sera telle, qu'ils élèveront leurs femmes au rang des déesses, en leur donnant aussi le sceptre pour attribut, comme fit Antonin pour Faustine, à laquelle on osa ériger des autels.

X

Les consuls romains adoptèrent également le sceptre sous le nom de *scipio*. C'était un bâton d'ivoire, marque de leur commandement. Les sénateurs en portaient aussi un de pareille forme.

Quand les Gaulois, sous la conduite de Brennus, entrèrent dans Rome, ils trouvèrent les consuls et les sénateurs, assis sur leur chaise curule, portant tous leur bâton à la main.

A cette vue, les barbares s'arrêtent, surpris de tant de grandeur; l'un d'eux osa toucher la barbe du sénateur Papirius, qui le frappa de son bâton et le blessa. Ce fut le signal du massacre.

Jamais le sceptre n'avait eu autant de majesté.

XI

Depuis Romulus jusqu'à Tarquin le Superbe, sept rois se succédèrent à Rome. Quatre meurent assassinés et le cinquième en exil.

Depuis Auguste jusqu'à Constantin, il n'y a point eu de sceptre qui soit resté dans la même famille durant trois générations en ligne droite ; les armées les brisaient à leur gré, et bien peu de ceux qui l'ont porté ont fini leurs jours de mort naturelle.

Et cependant les sceptres sont toujours enviés, et, pour avoir ce bâton fatal, rien ne coûte à certains princes... ils feraient égorger la moitié d'une nation pour régner sur l'autre.

CHAPITRE VI

I

Dans notre histoire, le sceptre ne commence qu'au
IXe siècle. Ce n'est guère qu'alors que nous le voyons figurer comme marque du pouvoir souverain, avec les
emblèmes et les ornements qu'il a de nos jours.

D'une arme de guerre, il était devenu une simple
verge d'or recourbée d'un bout, en forme de crosse,
et de la hauteur du roi : « Sa longueur imposante, dit
« un critique, était souvent un appendice utile à la ma-
« jesté royale. »

Comme dans les temps anciens, où le bâton des chefs
était divinisé, le sceptre moderne ne tarda pas à prendre

aux yeux du peuple un caractère presque sacré. Il représentait l'autorité du roi, et, le roi étant le représentant de Dieu, l'obéissance au souverain de la terre devait être égale à celle due au souverain du ciel.

Toucher le sceptre, le baiser, était la plus grande faveur que pût ambitionner un sujet, comme aussi la plus grande preuve de soumission.

Le roi étendant la main sur son sceptre était la marque la plus éclatante de sa clémence (1).

Le plus ancien sceptre de notre monarchie paraît être celui de Clovis. Il était terminé par un aigle posé sur une touffe de feuillage.

Celui de Dagobert finissait par une main tenant un globe ; sur ce globe, un aigle était placé, et sur l'aigle un personnage à cheval. Celui de Philippe le Bel, trouvé à Saint-Denis, était plus curieux encore : d'un lis épanoui sortait un oiseau.

Nous voyons figurer sur les médailles :

Robert II, tenant un sceptre de la main droite, et de la main gauche un globe.

---

(1) Cet usage était renouvelé des Perses. On sait que chez ce peuple celui qui avait l'audace d'entrer dans le cabinet du roi sans y être appelé était puni de mort si le roi n'avait eu la bonté de lui tendre son sceptre d'or.

Suivant l'Écriture, Esther baise le sceptre d'Assuérus, comme étant un symbole de clémence. Aristote dit que, chez les anciens, le sceptre était surtout un symbole de vérité.

Voilà pourquoi nos premiers rois, à l'imitation de leurs devanciers, juraient par le sceptre.

Le sceptre était aussi un emblème de conciliation. On l'interposait entre les ennemis aux prises. Le caducée de Mercure est le sceptre qui avait servi à séparer les deux serpents dont il est entouré.

Henri Ier porte un sceptre surmonté d'une fleur de lis de la main droite, et un bâton de la main gauche.

Louis VI tient de la main gauche un bâton fleurdelisé, et de la droite un sceptre terminé par un trident.

Il en est de même de Louis VII.

Tous ces rois ne portent qu'une simple fleur de lis ou un petit sceptre dont le manche, fort court, est presque entièrement caché par la main qui le supporte.

II

Le sceptre des roys de France fut d'abord une fleur de lys, parce que, de toutes les fleurs, dit le Père Ménétrier, le lys représente le mieux le sceptre.

C'est à dessein que j'écris, pour la circonstance, *lys* et *roy* dans leur ancienne orthographe.

Cet *y* supprimé représentait également le sceptre.

Cet *y* arraché au nom de cette fleur, ne dirait-on pas que c'est le lis coupé sur sa tige?...

Ce roi sans *y*, ne dirait-on pas un roi sans sceptre (1)?

« Si je pouvais aimer les sceptres, dit un penseur, combien je préférerais y voir cette blanche fleur, qui veut dire espérance, plutôt que cet aigle orgueilleux, qui symbolise le maître du tonnerre. »

---

(1) Le trône lui-même n'a pas échappé à l'influence fatale de notre nouvelle orthographe. Nous avons supprimé l'*h* qui représentait si bien le thrône.

III

Nos rois sont représentés avec un sceptre d'une main et un bâton de l'autre, parce que c'est ainsi qu'ils assistaient aux cérémonies publiques. Ils voulaient indiquer, par ces deux bâtons d'un genre différent, leur sévérité à punir et leur puissance à récompenser. Dans les statues des premières races, le sceptre est particulier aux rois de Paris. C'était le signe de leur suprématie sur les autres rois français.

Depuis Louis X jusqu'à Charles VI, le sceptre est assez long pour que, en reposant à terre, il atteigne le bas de la tête du roi. Chez quelques-uns même, il dépasse la tête, tandis que le bâton royal, au contraire, n'a jamais que la hauteur du buste.

C'est ce bâton que saint Louis tenait à la main quand il rendait justice sous un chêne du bois de Vincennes; la main de justice qui le surmontait était la sienne.

De Charles VII à François Ier, le sceptre et le bâton royal sont d'une égale hauteur.

Louis IX et Philippe III sont représentés tenant de la main gauche un long sceptre, surmonté d'une fleur de lis épanouie.

Philippe IV tient à sa main droite un sceptre fort court, et à sa droite un bâton royal.

Louis X tient, au contraire, un long sceptre de la main droite, et un bâton royal, surmonté d'une main de justice, de la main gauche.

Philippe VI, Jean II, Charles V et Charles VI sont pareillement représentés.

Charles VII et Louis XII portent de la main droite un sceptre, et de la main gauche la main de justice.

Pierre Ier, dit le Cruel, roi de Portugal, est représenté avec le sceptre de la main gauche, et un fouet de la main droite. C'était significatif!

Il paraît que le fouet était, sinon un emblème, du moins une prérogative de la toute-puissance.

Lorsque Louis XIV prononça son fameux : « L'Etat, c'est moi!!! » il tenait un fouet à la main.

Ce fouet, les curieux peuvent le voir encore au Musée des Souverains, où il figure, on ne peut plus avantageusement, avec le sceptre, le bâton royal et la main de justice.

IV

La main de justice était aussi un sceptre d'une autre façon, long de cinquante centimètres, et au bout duquel se trouvait une main d'ivoire en relief.

En 1679, à la suite d'une découverte astronomique, le

sceptre a été placé dans une constellation boréale. « Roger, en construisant ses cartes célestes, trouva qu'il y avait dix-sept étoiles qui, par leurs dispositions, représentaient le sceptre royal et la main de justice, qui sont les attributs de nos rois. Il en fit hommage à Louis XIV, en faisant remarquer, dans son épître dédicatoire, que le sceptre de justice passait au zénith de Paris, comme autrefois on remarqua que la tête de Méduse passait au zénith de la Grèce lorsqu'elle succomba sous la servitude et la désolation. »

Sa Majesté le roi-soleil dut se trouver très-flattée de voir son bâton royal placé dans le séjour des étoiles.

V

Des médailles représentent des sceptres surmontés d'une croix. L'histoire dit que c'est Phocas, empereur d'Orient, qui le premier a fait ajouter une croix au sien.

L'histoire rapporte également que Rodolphe, comte d'Augsbourg, après avoir été élu empereur, vint à Aix-la-Chapelle pour y être couronné. Tout était prêt pour la cérémonie et la foule attendait avec impatience à l'église. Le monarque parut enfin et alla se placer sur un trône.

Mais voilà qu'une étrange rumeur circule. On a oublié d'apporter le sceptre !

Les électeurs s'opposent au couronnement, le couronnement serait incomplet si le sceptre y manquait.

Grande anxiété dans l'assistance : évêques et cardinaux parlementent. On va renvoyer le sacre.

Tout à coup Rodolphe se lève... descend de son trône... se saisit d'une croix sur le maître hôtel, et dit, en la montrant au peuple : « Voilà le sceptre d'un prince chrétien ! »

La foule applaudit, et le couronnement eut lieu. A défaut de sceptre, les électeurs prêtèrent serment sur la croix.

Oui, le sceptre d'un prince chrétien n'aurait jamais dû être qu'un simple bâton, surmonté d'une croix, avec un rameau d'olivier pour emblème. Jésus disait : « Paix aux hommes ! » et non pas : « Guerre aux hommes ! »

Dans sa marche triomphale du prétoire au Golgotha, le roi-Christ avait un roseau pour sceptre.

VI

Le sceptre dont se servaient nos rois à leur sacre et qui, avant la révolution de 1789, était gardé au trésor de l'abbaye de Saint-Denis, était un bâton fort long, au bout duquel on voyait une petite figure d'empereur.

Voici la description de ce sceptre, qui a servi pour la

dernière fois au sacre de Louis XVI à Reims, le 11 juin
1774 :

. . . .

. . . .

« L'archevêque prit sur l'autel le sceptre royal et le
mit dans la main droite du roi, et ensuite la main de justice qu'il mit dans la main gauche.

« Le sceptre est d'or émaillé, garni de perles orien-
tales ; il peut avoir six pieds de haut : Charlemagne y est
représenté en relief, le globe en main, assis sur une chaise
ornée de deux lions et de deux aigles.

« La main de justice est un bâton d'or massif, haut seulement d'un pied et demi, garni de rubis et de perles
et terminé par une main d'ivoire ou plutôt de corne de li-
corne ; il y a de distance en distance trois cercles de feuil-
lages tout brillants de grenat, de perles et d'autres pierres
précieuses. »

On retrouve dans le sacre de Louis XVI tous les
usages de l'ancienne monarchie. Il faut en lire les curieux
détails dans un ouvrage publié en 1791 : *Correspondance
secrète de la cour de Louis XVI.*

VII

Nous venons de montrer le bâton royal à la cérémonie
du sacre. Nous allons le voir à l'heure des funérailles.

Après le trône, la tombe !

Ce sont les hérauts d'armes, représentants officiels et compagnons inséparables du roi, qui jouaient le principal rôle dans ce dernier acte de la comédie royale.

L'avocat Géliot écrivait au XVIe siècle :

« Quoique la charge de héraut ne soit en telle estime qu'elle a esté autrefois et qu'au lieu de héroës ils soient devenus des *zéros*, presque inutiles, ils accompagnent le roi au catastrophe et dernier acte qu'on lui rend en obsèques et funérailles. »

Le jeu de mots de Géliot est à noter. Les hérauts qu'il ose déjà tourner un peu en ridicule avaient aussi pour insigne un bâton en forme de sceptre.

« Etant arrivés à l'église où le roi doit être enseveli, on enferme son sceptre dans son tombeau, et alors le héraut d'armes, grand maître de France, mettant son bâton dans la fosse, crie par trois fois : « Le roi est mort !... »

« Puis, retirant son bâton de la fosse, il crie, par trois fois encore : « Vive le roi !... »

Vive le Roi !! — A ce cri répété depuis tant de siècles par tant de peuples, l'écho de l'avenir semble répondre : « Vive la Liberté ! »

VIII

Si nous avions à écrire l'histoire politique des sceptres, combien en trouverions-nous qui n'ont pas abusé de l'autorité? Nous verrions que si les révolutions les brisent si souvent, c'est qu'ils furent toujours un obstacle à la paix entre nations, et que, si ce cri de liberté, qui fomente dans tous les cœurs, s'échappe un jour de toutes les lèvres, c'est que les sceptres, qui n'étaient donnés originairement qu'aux plus vertueux et aux plus courageux, sont trop souvent aujourd'hui le partage des fourbes, des scélérats, des usurpateurs !!!

Napoléon Ier disait : « Le sceptre est un homme, et cet homme c'est moi !!! »

Ces neuf mots résument l'histoire politique du sceptre.

IX

N'oublions pas un sceptre, celui qui figura au sacre de Napoléon Ier en 1804 et qu'on avait redoré exprès pour la circonstance. Ce sceptre, qu'on croyait être le bâton impérial de Charlemagne, on le conservait précieusement au Musée des souverains. Mais voilà qu'une étrange découverte vient de se faire. En mettant à nu le squelette de ce sceptre illustre, on a reconnu que ce trucage prodigieux n'était que le vulgaire bâton d'un chantre du xive siècle.

X

Quels que soient les riches ornements qui le décorent et l'or qui le recouvre, le sceptre n'en reste pas moins au fond qu'un simple bâton !..

Que de choses auxquelles nous attachons de l'importance, sur lesquelles même nous portons des regards curieux, et qui, dépouillées de l'éclat qui les environne, perdraient ainsi tout leur prestige à nos yeux et seraient réduites à l'état de simple morceau de bois !

XI

« Si vous aimez les sceptres, ô rois de la terre, a dit Salomon, aimez la sagesse et vous régnerez éternellement. »

Les rois n'ont pas suivi la maxime du Sage, toute leur

science a consisté à éblouir par la grandeur extérieure, à entretenir les peuples dans la superstition en les laissant plongés dans l'ignorance. Je ne sais plus quel est le roi d'Orient qui, ayant assommé un homme d'un coup de son bâton, fit croire que la victime avait été foudroyée pour l'avoir touché. Dès lors on laissa le peuple dans la persuasion qu'on ne pouvait toucher le bâton du monarque sans mourir sur l'heure.

La Boétie rapporte que chez les Épirotes le peuple était entretenu dans la croyance que le gros doigt du pied de leur roi guérissait toutes les maladies, et qu'aux incrédules la foi était inculquée à coups de bâton.

Vespasien, dès qu'il fut élevé à l'empire, ne trouva rien de plus sage, pour en imposer à ses sujets, que de faire croire au peuple des provinces qu'il traversait, qu'à l'aide de son bâton impérial il rendait la vue aux aveugles et faisait marcher les boiteux.

Longtemps on a cru en France que la sainte ampoule guérissait les écrouelles, et, dans certaines contrées, on croyait aussi que le sceptre préservait du haut-mal.

Mais à mesure que la raison a dissipé l'ignorance, comme autrefois le soleil dissipa le chaos, la réalité a fait place à l'illusion, le roi n'a plus été qu'un homme et le sceptre un morceau de bois, — tel ce bâton du chantre du xive siècle qui, entre les mains de Napoléon Ier, passait pour le bâton impérial de Charlemagne.

XII

Sceptres des rois et des empereurs, qu'êtes-vous devenus ?

Le sceptre des rois a été décapité le 21 janvier 1793, sur la place de la Révolution.

Le sceptre des empereurs est tombé ignominieusement, le 2 septembre 1870, à Sedan.

Un jour viendra où, chez tous les peuples du monde, le sceptre n'existera plus que comme objet de curiosité dans le cabinet d'un archéologue.

XIII

Je me trompe, il existera toujours un sceptre!... mais sur un signe de ce sceptre les hommes ne s'armeront point pour s'entr'égorger, mais le souverain de la terre qui le porte n'attirera jamais sur lui, ni sur sa postérité, la malédiction des peuples.

Ce sceptre, c'est le bâton du laboureur.

Homère, qui dans son *Iliade* met des sceptres aux mains des dieux et des héros, n'a pas oublié d'en placer

un entre les mains de ce pacifique héros des champs
dont les conquêtes sont des moissons :

« Le laboureur avec un sceptre à la main est assis au
milieu des sillons sans parler. »

XIV

Il y a un autre sceptre qui ne sera aussi jamais maudit
et qui exerce pourtant, depuis le commencement du
monde, une autorité absolue sur ses nombreux sujets.
Ce sceptre a eu ses poëtes, ses historiens, ses courtisans
et ses flatteurs; son emblème n'est ni une fleur de lis,
ni un globe, ni un aigle : c'est un ruban; il a pour nom :
LA HOULETTE.

C'est le bâton qu'on donna pour attribut aux dieux
des bois et des forêts : les Faunes pacifiques et les
tendres Sylvains.

Ce bâton a été représenté par nos vieux poëtes sous
les formes les plus gracieuses et décoré de rubans de
toutes couleurs, — dons précieux des bergères du voi-
sinage. — Aux beaux jours de la littérature bucolique,
Florian et Mme Deshoulières l'ont célébré dans leurs
vers :

> Mes chères brebis,
> Que je le regrette !
> Sans chien, sans houlette,
> Puis-je vous garder ?

3.

La houlette fait pressentir le sceptre. L'Ecclésiaste affirme ce rapprochement : « Dieu a donné aux rois le sceptre pour commander à leurs sujets et aux pasteurs la houlette pour faire paître leurs ouailles. »

L'auteur du *Dictionnaire philosophique* écrivait à propos de ce verset de l'Écriture sainte : « Les pasteurs nous prendraient-ils encore pour des dindons ? »

A ce sarcasme irrévérencieux du roi Voltaire, — dont le sceptre était une canne, — je préférerais ces deux vers de Régnard :

> Le sort a quelquefois, d'une chaîne secrète,
> Pris plaisir d'allier le sceptre à la houlette,

si cette alliance démocratique pouvait encore exister.

Mais les rois n'ont guère épousé des bergères qu'aux âges bénis où seuls les bergers étaient rois.

Même dans notre littérature, cette alliance n'a plus cours. Estelle s'est faite modiste, Némorin garçon boucher, et nos modernes bergers n'ont pour insigne que le bâton primitif des premiers pasteurs. Ce bâton n'est plus même orné du fer traditionnel, destiné à lancer des mottes de terre pour ramener au troupeau les brebis buissonnières. — C'est au chien qu'est confiée cette difficile mission.

CHAPITRE VII

LE BATON PASTORAL

Le trône et l'autel. — Le bâton spirituel et le bâton temporel. — Grégoire VII. — Ce qu'il y a dans un œuf. — Bataille entre la crosse et le sceptre. — La paix est conclue. — Le pape renonce à la crosse. — Le serf des serfs. — Les deux glaives. — L'origine de la crosse. — Les évêques d'autrefois et ceux d'aujourd'hui. — Les crosses guerrières. — Celle de Christian, évêque de Mayence. — Celle des évêques de Beauvais. — Celle d'un archevêque de Sens. — Les divers noms donnés à la crosse. — La crosse d'or et la crosse de bois. — Le bâton pastoral en Orient. — Le serpent. — Attributs emblématiques.

I

Le bâton pastoral et le bâton royal ont absolument la même origine, malgré leurs attributions différentes ; l'un et l'autre ont reçu leurs pouvoirs de Dieu même. L'un représente l'Autel, l'autre le Trône. On pourrait les appeler le bâton spirituel et le bâton temporel.

Malheureusement, pour la paix du monde, tous deux ont voulu gouverner en même temps le spirituel et le temporel, évêques et rois se sont attribué le droit d'exercer ce double pouvoir et ont voulu porter à la fois la Crosse et le Sceptre : de là un antagonisme qui a provoqué des schismes, des querelles, des guerres san-

glantes, où le bâton pastoral a presque toujours été vainqueur. C'est qu'il portait en lui — ce terrible bâton —
une force mystérieuse qui terrassait les sceptres....
l'excommunication, « cet autre baston, dit « Et. Pas-
« quier, dont se sont escrimés un peu trop librement
« les supérieurs de l'Eglise, ce qui l'a fait tomber en
« nonchaloir. »

Il faut lire l'histoire du xie siècle pour voir combien
cette rivalité — provoquée par le célèbre Hildebrand —
s'envenima alors.

II

Comme tous les grands dominateurs, Hildebrand, ou
plutôt Grégoire VII, usa de ruse pour établir son gouvernement théocratique. Il montra, dans un concile tenu
à Rome, un œuf de poule trouvé près de l'église de Saint-
Pierre et dont la coquille offrait en relief l'image d'un
bouclier sur lequel était figuré un serpent. Dans cet œuf
prodigieux, le pontife fit remarquer le Serpent tirant l'é-
pée contre l'Église. N'était-ce point là un avertissement
de saint Pierre qui lui prescrivait d'étendre son anathème
sur le sceptre de Henri V ?...
Et c'est ainsi que d'un œuf de poule devait naître un

antagonisme qui , pendant des siècles , a désolé le monde.

Heureux temps pour l'Église, dit un historien, où le souverain pontife pouvait commander à la baguette aux rois et aux empereurs et où il pouvait écrire à ses évêques par toute la chrétienté :

« Si vous avez le droit de juger les choses spirituelles, « pourquoi pas les temporelles? Si les hommes spirituels « sont frappés quand il le faut, pourquoi les séculiers ne « le seront-ils pas?... Ils s'imaginent peut-être que le « Sceptre est au-dessus de la Crosse!... Votre sacerdoce « est indépendant des princes ; vous ne dépendez que de « Rome. Le souverain pontife est le maître unique du « monde. »

Ces querelles, souvent sanglantes, cessèrent enfin en apparence. Le bâton pastoral fut proclamé souverain et obligea le bâton royal de se soumettre à lui.

Celui-ci s'humilia et obéit.

Mais cette obéissance n'était que factice. Bientôt la bataille recommença plus passionnée, plus ardente que jamais.

Princes simoniaques et prêtres débauchés, tels étaient les puissants de la terre qui se disputaient alors le pouvoir.

Grégoire VII, avec les meilleures intentions du monde, et malgré son grand génie, ne put réagir contre son siècle et en réformer les mœurs. Prêtres et seigneurs restèrent comme avant, avides et licencieux ; les excommunications ne firent que perpétuer les révoltes, les guerres civiles, les massacres… — et toutes ces calamités, pour un mot bien plus temporel que spirituel : l'investiture.

III

Ce duel à mort entre la Crosse et le Sceptre se termina sous le pontificat de Calixte II, en 1122.

Une diète fut conclue à Worms. Henri V, pour avoir la paix, — et craignant surtout l'excommunication, — renonça non-seulement à l'investiture par la Crosse, mais à toute nomination aux bénéfices et à la suzeraineté sur les terres de l'Église romaine.

En revanche, le pape lui accorda que les évêques et les abbés fussent, en sa présence, investis des bénéfices par le Sceptre.

Le bâton pastoral et le bâton royal s'étaient fait de mutuelles concessions.

C'est par là qu'ils auraient dû commencer.

IV

C'est sous Grégoire VII que le nom de Crosse a été donné au bâton pastoral et que le pape a renoncé à la porter. Jusqu'alors le saint-père, appelé plus spécialement le premier évêque de Rome, portait, comme les autres évêques, cet insigne de l'autorité épiscopale. Nous en trouvons la preuve dans l'histoire de Luitprand en la personne de Benoît. Ce pape, renonçant au pontificat, où il avait été appelé sans le consentement du roi Othon, remit son bâton pastoral entre les mains de Léon VIII, pape légitime, qui le rompit en présence de l'empereur, des prélats et du peuple.

Grégoire VII trouvait, comme plus tard Innocent III, qu'il était au-dessous de sa dignité de porter une crosse qui le confondait avec les autres évêques. Il voulut même que le nom de pape, qui était alors commun à tous les prélats, fût réservé exclusivement pour celui de Rome, et que seul le pape eût le droit de s'intituler le *serf des serfs.*

Il entrait dans la politique de celui qui ambitionnait la monarchie universelle de paraître le plus humble afin de mieux dominer les plus grands.

V

Des emblèmes de l'épiscopat, les papes n'ont conservé que l'*anneau*, symbole spirituel de l'union du prélat avec son Église.

Ils ne portent plus le bâton pastoral, mais ils ont pour marque de leur pouvoir souverain deux symboles mystiques plus significatifs que la Crosse et le Sceptre, deux armes bien plus redoutables, — ils ont les *deux glaives*.

VI

Dans notre primitive Église, l'insigne de l'autorité épiscopale n'était qu'un simple bâton ayant la forme d'un T et destiné seulement à servir d'appui.

C'est qu'alors on ne choisissait les évêques que parmi les hommes chargés d'années. Le bâton leur était indispensable pour aider leur marche et soutenir leurs genoux débiles. L'histoire apprend que saint Césaire se faisait même porter, par un clerc, un bâton de rechange. Bien lui en prit un jour où le saint vieillard ayant égaré celui qu'il portait habituellement, il eut tout prêt le bâton de son clerc pour continuer son inspection.

Dom Claude Vert appelle l'insigne des évêques de ce temps le bâton du voyageur.

VII

Les évêques d'alors n'avaient pas comme ceux d'aujourd'hui, pour visiter leur diocèse, voitures et chevaux ;

ils allaient pédestrement, simplement, modestement, comme le divin Maître, leur bâton de vieillard et de voyageur à la main. Ils inspectaient leurs églises très-régulièrement, et rien ne les arrêtait, ni les mauvaises routes, ni les intempéries, ni les fatigues d'une longue marche.

C'est pour cela que nous voyons, sur les anciens manuscrits, le bâton de l'évêque auquel est attaché un linge pour essuyer la sueur.

Les pasteurs ne se donnaient point encore les titres de Monseigneur, de Grandeur, d'Éminence ; tous s'intitulaient modestement *serviteur des serviteurs!* A ces apôtres humiliés, un simple bâton de bois suffisait.

VIII

Pas plus que le sceptre, la crosse était donc primitivement un bâton purement symbolique. Les évêques s'en servaient même au besoin comme arme de guerre.

On sait que sous la première race de nos rois les prélats ainsi que les abbés suivaient les armées et menaient leurs vassaux sous leurs bannières. C'était du reste pour eux une obligation.

Dans les siècles suivants, cette obligation cessa, mais

ceux qui avaient l'humeur batailleuse allaient quand
même à la guerre, armés de leur bâton pastoral.

A ce sujet, l'histoire fait mention d'une crosse célèbre
dans les fastes militaires de ce temps : celle de Christian, évêque de Mayence. Ce prélat florissait au xiie siècle, époque où le bâton pastoral et le bâton royal ne vivaient plus toujours en bonne confraternité.

Christian était belliqueux, mais il se faisait un scrupule
de porter l'épée, d'après ces paroles de l'Évangile : « Celui qui frappera par l'épée périra par l'épée. » L'évêque
s'était donc fait ce raisonnement que, en bien réfléchissant, l'Évangile n'interdisait pas de frapper avec le
bâton.

Il se fit donc confectionner une maîtresse crosse avec
laquelle, dit la chronique, il assommait neuf hommes en
entrant au combat.

Pascal II voyant la vaillance de cette arme épiscopale,
écrivait à celui qui en manœuvrait si bien :

« A Christian, légat très-chrétien du siége apostolique,
« que Dieu bénisse le bâton qu'il vous a donné pour ter-
« rasser les méchants ! »

IX

Les prélats n'ont pas toujours eu, à l'endroit des armes, les scrupules de Christian. En 1696, l'évêque de
Beauvais, étant sorti de la ville, fut fait prisonnier par

les Anglais, armé de toutes pièces. Le pape l'ayant su,
écrivit à Richard Ier, roi d'Angleterre, pour lui reprocher
cette conduite étrange de retenir prisonnier un évêque,
« son très-cher fils. » Richard envoya au pape la cui-
rasse de l'évêque avec cette réponse :

« Voyez si c'est la robe de votre cher fils. »

A la bataille de Bouvines, un autre évêque de Beauvais,
frère de Robert de Dreux, « de cette même main qui
donnait des bénédictions, » assomma d'un coup de son
bâton le fameux comte de Salisbury.

A la bataille d'Azincourt, Jean de Montagut, archevêque de Sens, servait dans l'armée du duc d'Orléans ; il
portait, au lieu de mitre, un bassinet ; pour dalmatique,
un haubergeon ; pour chasuble, la pièce d'acier, et, au
lieu de crosse, une hache. Il se fit bravement tuer à la
tête de ses soldats.

Les évêques de nos jours comprennent mieux leur
mission de paix. La main qui aurait tenu l'épée ne por-
terait plus le bâton. Disons aussi qu'ils préfèrent vivre
tranquillement et saintement dans leurs palais, et que,
pour ne jamais donner des sujets de querelles, ils bénis-
sent leurs amis et n'excommunient plus leurs ennemis.

X

On a donné plusieurs noms à l'insigne de l'autorité épiscopale et abbatiale : celui de *pedum* (houlette), parce qu'étant recourbé par le haut il ressemble à la houlette du berger ; celui de *ferula*, parce que c'est avec la férule que le maître gouverne ses élèves.

Le bâton pastoral étant creux et coupé dans sa longueur par plusieurs cercles, on l'appelait aussi *sambuca* (sureau), le bois de sureau étant creux.

Autrefois le bâton pastoral était fait particulièrement de bois de cyprès, et sa recourbure était en os ou en ivoire. On a cependant des exemples d'anciennes crosses d'argent enrichies de ciselures et recouvertes de lames d'or.

Depuis le xvie siècle, le bâton pastoral est tout en métal doré.

De là ce quatrain peu respectueux :

> Au temps passé des siècles d'or,
> Crosses de bois, évêques d'or ;
> Maintenant changent les lois :
> Crosses d'or, évêques de bois.

Lors de la nouvelle organisation du clergé, en 1790, on substitua au quatrain ci-dessus les cinq vers suivants :

> En France on vit jadis, ô triste destinée !
> Des évêques de bois et des crosses dorées :
> C'était la mode d'autrefois.
> Nous n'aurons désormais — les choses sont changées —
> Que des évêques d'or et des crosses de bois.

XI

Les attributs emblématiques de la crosse n'ont pas été toujours et partout les mêmes. Autrefois on y figurait une tête, où, sur le globe qui la couronne et d'où part la recourbure, on gravait en latin des expressions mystiques.

Sur une vieille crosse conservée à Amiens, et qui a servi, dit-on, aux premiers évêques de cette ville, on lit ces deux mots latins incrustés sur le globe : *Onus non honor*. C'est-à-dire que le bâton ou, pour mieux dire, l'épiscopat est une charge bien plutôt qu'un honneur.

Toutes les crosses n'avaient pas une inscription aussi modeste.

XII

En Orient, le bâton pastoral, au lieu d'être recourbé, avait une forme tout à fait droite. C'est ainsi que le portaient les patriarches maronites à Jérusalem. Il était aussi surmonté du globe, ou d'une croix, ou de la lettre T; c'était la forme de celui des patriarches grecs. Les prêtres arméniens, à Jérusalem, portaient un bâton droit sans aucune figure, et les évêques le portaient recourbé comme en Occident. On voit des crosses des évêques d'Occident terminées par deux têtes de serpents qui se regardent.

XIII

Depuis le commencement du monde, le serpent a toujours été fort considéré sur la terre. Les anciens le mettaient sur les boucliers, les cimiers, les casques. Le vainqueur des Assyriens, Cyrus, le fit adopter aux Perses et aux Mèdes. Placé sur les enseignes militaires, il devint l'objet d'un culte pour les soldats romains. L'Église l'adopta comme présage de victoire et comme emblème de la prudence épiscopale.

Le serpent sur le bâton pastoral, c'était la prudence unie à la ruse.

XIV

La crosse est un peu, par sa forme, l'image du *lituus pontificius* ou bâton pontifical des augures que les ministres du culte païen tenaient à la main quand ils rendaient leurs oracles. Mais combien notre crosse a de significations emblématiques plus étendues; chacune de ses parties exprime une idée ; c'est ce que retrace le vers suivant :

Attrahe per primum, medio rege punge per imum,

« Attirez par le haut bout, gouvernez par le milieu, cor-
« rigez par la pointe. »

On ne pouvait retracer en moins de mots les attributions spirituelles et temporelles du bâton pastoral.

CHAPITRE VIII

La crosse abbatiale. — Paroles de saint Bernard. — Les abbés crossés.
— Cérémonie de la remise du bâton. — La querelle des crosses. — Ne
médisons pas des monastères. — Les rois et les abbayes. — L'abbesse
de Montmartre. — Henri IV. — Comment on porte aujourd'hui le bâton
pastoral. — Le bâton du doyen des cardinaux, à Rome. — Le bâton
cantoral. — Le plus imposant des bâtons.

I

Nous venons de montrer le bâton pastoral entre les
mains des évêques. Nous allons le voir entre les mains
des abbés. Ce ne sera pas une étude moins intéres-
sante, et que nous pouvons faire sans trop nous détour-
ner de notre sujet.

Insigne de la dignité abbatiale comme de la dignité
pastorale, nous verrons toujours la crosse marcher l'égale
des sceptres!

II

Disons d'abord, sans crainte d'exagération, que les
chefs d'abbayes de ce temps étaient de véritables rois
au sein de leurs monastères.

La morale évangélique n'avait rien à gagner à la puissance des crosses abbatiales, mais elles coopéraient à l'humiliation des sceptres et aux triomphes de l'Eglise romaine, ce qui fait que « beaucoup de péchés leur « étaient pardonnés ».

Ecoutons saint Bernard, ce Juvénal chrétien, parlant des abbés de son époque :

« Le train d'un abbé suffirait à deux évêques ; — j'ai « vu l'un d'entre eux conduire plus de soixante chevaux « à sa suite. — Des serviteurs placent dans leurs ba- « gages des linges de table, des coupes, des aiguières, « des candélabres, des valises. A peine un abbé s'éloi- « gne-t-il de quatre lieues de sa maison, qu'il se fait « suivre d'un mobilier complet. Ne pourrait-il pas s'é- « clairer autrement qu'avec des candélabres en or ou en « argent portés devant lui par ses serviteurs?... Ne pour- « rait-il dormir sur une garniture de lit aux couleurs va- « riées, sans des couvertures précieuses venues des pays « étrangers?... »

III

Après cette critique de saint Bernard, qui dépeint si bien les mœurs des abbés crossés, nous allons voir comment on leur remettait le bâton pastoral.

Voici la description de cette cérémonie :

Les abbés ne pouvaient entrer en fonction qu'après avoir été élus par les moines profès : c'est l'évêque, alors, qui leur remettait le bâton.

L'élu, assisté de deux dignitaires de l'abbaye, était conduit au milieu du chœur. L'évêque lui adressait un discours sur les devoirs de sa charge, puis commençait la messe, qui était servie par le nouvel abbé. A l'évangile, l'évêque donnait sa bénédiction à l'élu, et, après diverses autres cérémonies, il lui remettait la crosse en lui disant :

« Recevez le bâton du ministère pastoral. »

Dès que le bâton était entre ses mains, l'abbé jouissait de toutes sortes de prérogatives, — il pouvait même s'affranchir de l'autorité de l'évêque quand cela lui plaisait.

On ne l'appelait plus que « le seigneur abbé ». Il occupait en tout lieu la première place ; religieux et mondains, nobles ou manants s'inclinaient profondément devant lui. A l'église, le prêtre officiait derrière son siége. On lui portait l'encensoir, afin qu'il y mît le premier grain d'encens. Les uns lui baisaient les mains ; d'autres lui demandaient pardon !

A la procession, il marchait en tête, son bâton à la main. Quand il entonnait une antienne à l'église, tous s'inclinaient de son côté.

Au dortoir, son lit était séparé des autres. Au réfectoire, il avait table à part.

Quand la cloche appelait, au milieu de la journée, les moines à quelque exercice où devait se trouver l'heureux abbé, si l'heure avait passé et qu'il n'eût pas encore paru, on continuait de sonner jusqu'à ce qu'il fût arrivé : au besoin, on aurait arrêté les horloges, afin de lui éviter même les apparences d'un retard.

Chaque fois qu'on prononçait son nom, on devait s'incliner. Lui seul avait le droit de marcher la tête couverte.

Quand il revenait de voyage, et il y allait souvent, les moines, vêtus d'aubes, lui apportaient processionnellement son bâton... comme pour le reposer des fatigues de sa marche ; ces fatigues devaient être bien légères, puisque le seigneur abbé ne voyageait qu'à cheval ou en voiture, n'allant à pied qu'aux processions, et qu'il était toujours suivi de quelque frère chargé de psalmodier pour lui ! De peur que la prière l'eût fatigué, il récitait ses offices par procuration.

En entrant dans une ville, on venait le recevoir en procession. Ses nombreux compagnons abaissaient leur capuchon ; lui seul marchait la tête couverte.

IV

Un abbé en voyage était un roi, moins le nom. La plupart des crossés étaient si riches, qu'ils pouvaient se

donner tous les luxes; ils avaient des gardes, des gentilshommes, des échansons, des porte-enseignes, un médecin, un aumônier chargé de porter leur argent, enfin
tout l'attirail d'un monarque.

Un abbé de Cluny s'intitulait :

Rex Cluniacensis, et militiæ princeps.

Ce bâton n'avait pas moins de quatorze grandes abbayes sous sa domination.

V

Mais soyons justes, autant étaient maltraités, pillés,
spoliés les paysans entourant le château, autant étaient
secourus et protégés les paysans entourant le monastère. C'est une justice à rendre aux moines que, si d'une
main ils savaient prendre aux riches, de l'autre ils donnaient aux pauvres. *Sous la crosse, il fait bon vivre!* Ce
proverbe du moyen âge, ceux qui avaient la chance de
passer de l'autorité d'un seigneur séculier sous la direc-
tion d'un seigneur abbé, en éprouvaient bien la vérité,
car, au lieu d'être bâtonnés, vendus et achetés comme
le bétail, dit un écrivain du temps, ils étaient traités
comme des hommes!

VI

Autant que les évêques, les abbés jouissaient d'un pouvoir absolu. Leurs jugements avaient force de loi. En France, comme en Allemagne, ils étaient à la fois seigneurs spirituels et temporels; ils portaient la crosse, et ils avaient droit aussi de porter l'épée.

Les prélats s'élevaient contre cette souveraineté prodigieuse.

« Il ne reste plus, disaient-ils, qu'à nous ôter notre bâton pastoral, et à nous soumettre au leur, puisqu'ils possèdent les églises, les terres, les châteaux, les dîmes, les obligations des vivants et des morts! Le sacerdoce est avili, depuis que les abbés recherchent nos droits avec une ambition insatiable. »

VII

Les prélats n'avaient pourtant pas trop raison de se plaindre. Si les abbés s'enrichissaient par les dons, quelquefois forcés des particuliers, les évêques s'étaient enrichis par les libéralités des empereurs et des rois de

France. Ils furent faits par les premiers princes de l'Empire, eurent droit de battre monnaie, et même de créer des nobles.

Et c'est ainsi que, pendant des siècles, évêques et abbés, tantôt croisaient le bâton et tantôt se coalisaient pour combattre les sceptres.

VIII

Ne médisons pas de la crosse; si elle a subjugué le peuple, elle a abaissé l'orgueil des grands; si elle a provoqué des guerres, elle a combattu le despotisme; elle a été pour les faibles contre les forts, pour les opprimés contre les oppresseurs.

Ne médisons pas des monastères. Si, à l'ombre du bâton pastoral, on y a vu les relâchements que leur reprochait saint Bernard, ils furent les temples de l'étude, les dépôts de la science et un asile toujours ouvert aux malheureux. C'est là que les persécutés de la loi civile pouvaient venir se soustraire aux violences du bâton féodal.

IX

Mais un jour arriva où le sceptre, envieux des richesses de la crosse, voulut aussi posséder des abbayes. Peu à peu alors les monastères perdirent, entre des mains profanes, toute leur grandeur d'autrefois. Le travail en sortit ; il n'y resta que les abus, qui ne tardèrent pas à dégénérer en scandales.

L'insigne de la dignité abbatiale ne fut plus accordée alors au savoir ou à la vertu ; les rois le donnèrent en apanage à leurs courtisans et à leurs maîtresses...

Ces trafics honteux du bâton pastoral, commencés sous Charles Martel, durèrent, en grandissant de siècle en siècle, jusqu'à notre révolution.

L'histoire fait mention de l'abbaye de Saint-Denis, donné par Louis XIV à la princesse de Conti. Son aïeul Henri IV en avait fait autant pour la belle Marie de Beau-villiers, fille du comte de Saint-Aignan.

Cette crosse célèbre trouve sa place ici.

X

« Or, dit un chroniqueur, du temps où le roi Henri IV faisait le siége de Paris, la jeune Marie de Beauvilliers était abbesse de Montmartre, et le bâton pastoral seyait tant à cette belle personne, que le roi, se l'étant fait présenter à Senlis, en devint de suite éperdument amoureux. »

Le duc de Bellegarde, son confident, qui lui avait dépeint les charmes de la jeune abbesse, ne l'avait point trompé. Il la trouva plus séduisante que Marguerite de France, la comtesse de Guiche et la marquise de Quercheville.

« Oh! madame, que la crosse vous était bien due, lui dit le vert-galant.

— Sire, répondit l'abbesse, je souhaite que ma crosse fasse le bonheur de mes saintes sœurs, comme le sceptre de Votre Majesté fait le bonheur de vos sujets.

— Votre crosse pourrait faire aussi le bonheur d'un roi, dit le Béarnais en se rapprochant un peu de l'abbesse... C'est une arme bien dangereuse, ajouta-t-il plus doucement.

— Votre Majesté a des armes à l'épreuve de tous les dangers, » répliqua Mme de Montmartre.

La conversation roula quelques instants encore sur le même ton, et, peu de jours après, le sceptre jurait à la crosse un amour éternel!

On connaît l'éternité des amours de Henri IV. Celui-ci dura quatre semaines.

Gabrielle d'Estrées avait paru tenant en main le sceptre de la beauté... le seul sceptre devant lequel le bâton pastoral ait parfois faibli.

XI

Aujourd'hui, d'après le droit ecclésiastique, les évêques seuls ont le privilége de porter le bâton pastoral.
Les abbés le portent bien comme les évêques, mais ce
privilége n'est point un droit ordinaire, c'est une con-
cession.

Cependant les abbés d'à présent mériteraient ce droit
à tout aussi juste titre que ceux d'autrefois.

Selon la règle établie, l'abbé porte le bâton la recourbure tournée en dedans, signe de juridiction restreinte à
son monastère.

L'évêque tourne en dehors la recourbure du sien, pour
désigner que son bâton a juridiction sur tout son diocèse. Même hors de son diocèse, il le porte ainsi, par
la raison que l'Esprit-Saint a établi les évêques partout l'Eglise de Dieu.

XII

Le doyen de l'ordre des cardinaux, à Rome, a pour
marque de dignité un bâton. Il fait l'intérim de la pa-
pauté en cas de mort du saint-père. Son bâton est d'or
et s'appelle *ferula apostolica*.

Nous avons dit pourquoi, depuis Grégoire VII, les papes ne portaient plus la crosse. On en donne d'autres raisons encore, entre autres celle-ci :

Saint Pierre, ayant envoyé son bâton à Euchaire, premier évêque de Trèves, ce bâton fut conservé dans cette église comme une précieuse relique. Depuis lors, saint Pierre ne se serait plus servi de bâton.

Nous croirions plutôt que le pape ne porte plus cette marque d'autorité que parce qu'elle serait en opposition avec l'esprit d'humilité de celui qui seul a voulu s'appeler : le serf des serfs.

XIII

Autrefois, le bâton figurait à toutes les cérémonies de l'Eglise ; les prêtres en portaient tous un pendant les offices. C'était pour leur servir d'appui, les stalles n'existant point encore dans les chœurs ; seulement, il leur était prescrit de ne point s'y appuyer pendant qu'on chantait l'évangile, en signe de respect.

XIV

Il y avait également le bâton cantoral, que portaient les chantres au chœur et aux processions. C'est aux processions des Rogations qu'il était surtout en usage de s'en servir. Dans les coutumes de beaucoup d'églises, nous voyons qu'à cette cérémonie de la bénédiction des fruits de la terre, chantres et pénitents avaient cet insigne

Et c'est en souvenir du bâton que les enfants d'Israël portaient à leur sortie d'Egypte, et de leur marche dans le désert, qu'on voyait figurer au chœur et aux processions, entre les mains des chantres et des pénitents, le bâton cantoral.

Aujourd'hui, l'évêque seul porte à l'église le bâton quand il officie pontificalement.

XV

Je me trompe, il y a un bâton qui figure encore à toutes les cérémonies de l'Eglise, et qui, plus que tout autre, jouit d'une autorité incontestée.

C'est un bâton sérieux, majestueux, solennel; il est convaincu de son droit, glorieux de sa fonction, jaloux de ses prérogatives, confiant dans sa force; il est grand, mais non hautain; il inspire la crainte moins que l'admiration; il en impose par sa belle prestance.

Ce n'est pas un bâton grossier, brutal, emporté; au contraire, il est courtois, accorte, poli; il menace plus qu'il ne frappe; il n'est sévère qu'à regret. Il est bien un peu despote, — quel bâton ne l'est pas? — mais il ne sera jamais tyran.

C'est un honnête et vertueux bâton défenseur de l'ordre et ami de la tranquillité.

Il est surtout complaisant, prévenant et galant à l'extrême. Si une dame attardée entre à l'église l'office commencé, il s'empresse de lui faire livrer passage; et quand la dame a pu traverser la foule et arriver sans encombre à sa chaise, quel gracieux remerciement elle lui adresse, et comme alors il retourne fier à son poste... Pardonnons-lui d'être fier, — l'humilité n'est pas la vertu du bâton; — et si celui-ci se croit important, il en a certes bien le droit.

L'avez-vous vu ce bâton magistral, à l'église de Notre-Dame, précéder jusqu'à la chaire, d'un air imposant, un de nos grands prédicateurs, et, le sermon fini, avez-vous considéré avec quel air plus imposant encore il le reconduit jusqu'au chœur ?...

Ce n'est pas l'orateur qui a charmé l'auditoire, c'est lui !... le triomphateur, c'est lui !... Aussi voyez comme en le reconduisant il décrit des courbes plus majestueuses, en frappant à coups mesurés sur les dalles sonores, comme pour dire aux fidèles émus : « C'est moi qui l'ai fait monter en chaire! »

Ce bâton, vous l'avez deviné, c'est celui du bedeau.

Contre ce bâton, les foudres du Vatican n'ont jamais retenti, et le tocsin des révolutions n'a jamais sonné.

LIVRE DEUXIÈME

LE BATON FÉODAL

CHAPITRE I

LE DROIT DU PLUS FORT

Les châteaux seigneuriaux. — Les oiseaux de proie. — Les justices seigneuriales. — Les officiers portant épée et baston. — Noblesse et roture. — Les pouvoirs du bâton. — Une bonne action du bâton. — La bonne reine. — Ce qu'il advint à Jean de Meung pour avoir mal parlé des dames de la cour. — Le bâton murmure. — Le peuple ne s'est point accoutumé à sa justice. — Il se révolte pour la première fois.

I

Tandis que le sceptre et la crosse se disputent l'autorité souveraine, nous voyons le bâton féodal se dresser menaçant sur les hautes tours des châteaux forts seigneuriaux. C'est que l'autorité des rois est alors anéantie. Grégoire VII, en affaiblissant le principe de la royauté, a contribué à l'établissement d'une infinité de petits Etats despotiques d'où naîtra l'anarchie féodale, contre laquelle les monarques auront longtemps à lutter.

Chaque district, chaque province, chaque village, est

dominé par un château entouré de murailles et de fossés. — Pas un mont, pas un rocher escarpé, au haut duquel un noble — pareil à un oiseau de proie — n'ait établi son repaire inaccessible.

Le despotisme alors s'appelle grandeur, la tyrannie justice; les caprices de la volonté d'un seul sont les seules lois; l'inégalité des conditions, un système; la misère, la faiblesse, la servitude, s'humilient devant l'audace de la richesse et de la force, et le peuple abruti courbe le dos au bâton.

Pendant une suite non interrompue de siècles, nous voyons des milliers de cruels petits tyrans — dont le sceptre est un bâton — représenter le droit ou plutôt l'arbitraire seigneurial.

Le bâton féodal n'est pas seulement un emblème, c'est un instrument actif de domination en face duquel s'agenouillaient serfs, vilains, manants, comme nous avons vu les animaux s'incliner, en tremblant, devant le bâton du premier homme.

II

« Le royaume était devenu comme un grand fief plutôt que comme une monarchie, dit Mezerai. Les seigneurs étaient tous plus rois que le roi, ils commandaient à plus de sujets. » Alors furent créés une multitude de petits fiefs et arrière-fiefs, et les seigneurs, par suite de l'augmentation considérable des paysans attachés à la glèbe, ne pouvant plus exercer seuls la surveillance, déléguèrent leurs pouvoirs à des officiers chargés de rendre la justice et de gouverner en leur nom.

Ces représentants avaient pour mission de maintenir les serfs dans l'obéissance, ils pouvaient châtier impunément et suivant leurs caprices, ils avaient droit de vie et de mort.

Les coups de bâton étaient les plus usités de leurs traitements.

C'est peut-être pour cela que nous voyons figurer sur maintes armoiries d'ancienne famille cet emblème parlant des justices seigneuriales.

III

Les pouvoirs de ces justices furent tels, que, lorsque Louis le Gros voulut reprendre l'autorité dont les vassaux s'étaient emparés, il n'en put venir à bout ni par l'établissement des communes, ni par l'affranchissement des serfs, ni par l'envoi de commissaires chargés d'empêcher les ducs, les comtes et les officiers de la justice de maltraiter les paysans.

« Ces officiers, portant épée et baston, furent créés, dit le président Hénault, pour accoutumer le peuple à la justice des seigneurs. »

Plaisante justice qui, renouvelée des temps barbares ou basée sur la loi salique, ne reconnaissait qu'une peine pour les hommes libres : la compensation, et qui permettait de frapper impitoyablement les esclaves sans tenir, à leur égard, aucun compte des droits de 'humanité.

IV

Vassaux et suzerains portaient également l'épée et le bâton, qu'ils ne quittaient que pour rendre hommage. Celui qui rendait hommage devait « desceindre sa sein- « ture, s'il en a, et oster son épée et baston. »

On peut dire que toutes les mœurs de la société féo- dale sont représentées par ces deux signes : l'épée et le bâton.

L'épée, c'est-à-dire la noblesse, l'arme qui honore celui qu'elle frappe.

Le bâton, c'est-à-dire la roture, l'arme brutale dont le contact équivaut à une flétrissure.

Cette flétrissure, le peuple la subit longtemps avec la résignation inconsciente qui est la marque de l'abrutissement. Longtemps le château qui dominait le village fut regardé comme la demeure sacro-sainte du seigneur et maître, devant qui tout devait se prosterner. Même les valets du château avaient droit à une part de cette vénération.

Les serfs ne se croyaient nés — eux — que pour la glèbe, le cachot, la hart ou le bâton. La justice seigneuriale, ils l'acceptaient comme article de foi.

V

Il faudrait écrire un long chapitre pour énumérer toutes les lois et coutumes qui se rapportent à la justice du bâton. Un serf qui n'obéissait pas aveuglément à son maître était de suite étendu pieds et poings liés sur une poutre, comme pour lui donner la question, et le moins qu'il recevait c'est une distribution de cent vingt coups. Pour les fautes graves, on lui coupait les oreilles, si bien qu'il n'était pas rare de voir des villages où la plupart des paysans avaient les oreilles coupées.

Chaque province avait en ceci ses coutumes particulières, car chaque seigneur, ou même officier du seigneur, châtiait à sa fantaisie ; mais les peines n'étaient nulle part les mêmes pour les nobles et les roturiers. De la mort de ceux-ci on ne s'occupait pas, tandis qu'un gentilhomme n'était jamais punissable; tous les excès envers les manants lui étaient permis. Quand il arrivait au noble de dissiper son patrimoine, associé à quelques-uns de sa caste, il formait une bande qui allait incendier les villages et dépouiller les paysans. Puis les nobles pillards rentraient tranquillement dans leurs donjons gothiques, où ils continuaient à jouir de leurs droits féodaux, que nous pouvons appeler les droits du bâton.

Malheur au serf qui aurait fait mine de résister ou de se plaindre : le moindre mot était crime capital. Le malheureux était même obligé, dans certaines provinces, de baiser l'instrument de sa honte et de son supplice.

En ces temps de servitude morale et physique, les grands se servaient, pour gouverner le peuple, du diable et des sorciers comme moyen intellectuel, de la corde et du bâton comme moyen matériel.

VI

Enregistrons pourtant une bonne action du bâton. A coté du bras inhumain qui frappe, il est consolant de voir une douce main qui protége. C'est la reine Blanche

— la meilleure des reines et mère de saint Louis, le meilleur des rois — qui en est l'héroïne.

La misère des habitants de Châtenay était si grande, qu'ils n'avaient pu payer aux chanoines de Notre-Dame, leurs seigneurs, la taille et le cens imposés aux serfs. Les chanoines plongèrent ces malheureux dans leurs cachots.

Or, la reine Blanche ayant appris les mauvais traitements qu'enduraient les prisonniers, en eut le cœur si attristé, dit la chronique, qu'elle voulut intercéder pour eux. Elle employa d'abord la douceur, priant les seigneurs chanoines de relâcher les serfs sous caution.

Les chanoines répondirent insolemment à la reine miséricordieuse qu'elle n'avait pas le droit de s'immiscer dans leurs affaires temporelles, et qu'ils ne rendraient pas la liberté aux serfs.

Irritée de cette réponse, la mère de saint Louis se rendit aussitôt à la prison, suivie de ses gardes.

« Ouvrez cette porte, commanda-t-elle, ou sinon qu'on la brise. »

Et comme les geôliers ne répondaient point, elle frappa vivement d'un bâton qu'elle avait à la main.

A ce signal, les gardes brisèrent la porte, et l'on vit sortir une foule d'hommes, de femmes et d'enfants, qui se jetèrent aux pieds de la bonne reine en implorant sa protection.

VII

On voit pourtant des serfs qui, tout bâtonnés qu'ils
étaient, osaient répondre à leur maître. En voici un
exemple :

Un paysan avait tué le chien d'un officier de son seigneur, au moyen du bâton ferré qui lui servait à la-
bourer. Celui-ci, furieux, veut le faire pendre, mais le
manant soutient qu'il a tué le chien pour se défendre.

« Tu aurais dû te contenter de le frapper de l'autre
bout de ton bâton, lui dit le juge.

— Oui dà ! répond le rustre, c'est ce que j'aurais fait
s'il m'eût attaqué avec sa queue. »

Cette réponse sauva la vie du paysan. Il en fut quitte
pour la bastonnade traditionnelle.

VIII

Alors pas plus qu'aujourd'hui il était bon de dire la
vérité aux grands. Une mésaventure de Jean de Meung,
. le continuateur du *Roman de la Rose*, en est une preuve.

Le poëte avait osé douter de la chasteté des dames

nobles. Abomination! Les vierges de la cour en jetèrent les hauts cris. Elles voulurent un exemple. La
femme de Philippe le Bel intercéda pour elles auprès
du roi, qui ordonna d'arrêter l'infâme calomniateur et
de le déshabiller tout nu, afin qu'il reçût, de la main
même des nobles dames outragées, autant de coups de
bâton qu'elles voudraient lui en donner.

Toutes se promirent bien de frapper fort et longtemps.
Mais elles avaient compté sans l'esprit de Meung. Le
poëte avait obtenu de la reine la permission de demander
une grâce relative à l'exécution de la sentence. Il demanda que la plus grande prostituée d'entre les dames
de la cour lui appliquât le premier coup.

Aucune ne voulut s'avouer telle. Le poëte échappa
ainsi à la bastonnade.

En ce temps, où les grands se faisaient un honneur de
ne pas savoir lire, le dos d'un poëte n'était pas plus res-
pecté que celui d'un roturier.

IX

Un jour devait venir où le despotisme féodal, armé
de l'instrument avilissant destiné à châtier les esclaves,
serait impuissant à maintenir le peuple dans l'obéissance
passive. Un jour devait venir où ces hommes, dont l'exis-

tence était soumise à tous les caprices, à toutes les cruautés du maître, commenceraient à murmurer.

Du murmure à la révolte la distance est courte. Le peuple ne s'était point accoutumé aux justices seigneuriales. Il en était même venu jusqu'à refuser parfois de courber l'échine. Les nobles, du reste, par leurs continuelles révoltes contre le pouvoir royal, avaient donné les premiers l'exemple de la rébellion.

Nostradamus, dans sa *Chronique de Provence*, cite plusieurs exemples de ces velléités d'affranchissement. En voici un entre autres :

X

Pierre Rigoua, portant bâton de justice, était accusé par le peuple de malversions et de *meschancetés*... sur le dos de plusieurs de ses justiciables! Les paysans voulaient l'occire bel et bien. Le viguier poursuivi s'était réfugié dans une maison. « Ce jour-là, le peuple avait le « haut bout, les bélistres voix au conseil et les meschants « l'authorité. »

La maison où s'était réfugié le malheureux viguier va être incendiée par la populace irritée.

« Rends ton bâton, lui criaient les bélîtres.

— Le seigneur me l'a donné, répondait le viguier.

— Rends ton bâton, » ne cessaient de lui crier les cruels boute-feux.

Déjà les fagots de paille et de bois sec commençaient à flamber.

« Rend ton bâton, » criaient toujours les cruels.

Le viguier se sentant perdu, jeta son arme par la fenêtre, « trouvant beaucoup plus doux d'abandonner un « simple bâton que son sang propre. »

Les bélîtres satisfaits s'emparèrent du bâton et éteignirent les fagots.

Quand les paysans eurent le bâton, ils en furent bien embarrassés. Qu'en faire?... Ils ne trouvèrent rien de mieux que de le mettre entre les mains d'Anthoine de Cordouan.

C'est toujours la même chose quand le peuple s'empare de l'autorité par la violence, il ne sait point s'en servir, et il s'empresse de la remettre à plus habile qui la retourne de suite contre lui.

Ce fut le cas d'Anthoine de Cordouan, qui, ayant calmé la populace, restitua quelques jours après le bâton au viguier.

« Cette restitution esmut le menu peuple, qui, ne de- « mandant que nouvelle besogne, voulut derechef faire « mine de tumulte et révolte ; mais ce vent fut bientôt « mort. Tant y a que le baston resta à son premier et « légitime possesseur. »

XI

C'est par ces petites révoltes que le peuple se préparait peu à peu à la grande révolution, où il devait secouer pour toujours le poids d'outrages sous lequel il était resté accablé pendant si longtemps.

Le bâton féodal fut brisé dans la nuit mémorable du 4 août 1789.

CHAPITRE II

LE BATON HÉRALDIQUE.

Le bâton dans les armoiries, — dans les joutes et les tournois. — Le Béhourt. — La noblesse jugée au bâton. — Les armoiries raditionnelles. — Le signe de bâtardise.— Les armoiries en gravures. — Le ton des Bourbous.

I

Avec le rôle que le bâton a joué dans la féodalité, il était impossible qu'il ne fût pas adopté comme signe de noblesse; aussi le voyons-nous figurer avec honneur dans notre armorial. Beaucoup de familles nobles, remontant à l'ancienne chevalerie ou aux croisades, le portent sur leurs armes.

Dans les nouvelles armoiries, le bâton est plus particulièrement la marque de la charge, civile ou militaire, dont on était revêtu; mais dans les anciennes, il a une signification plus en rapport avec son antique usage. Il n'y est pas seulement l'emblème d'un emploi, d'une dignité, mais il rappelle souvent des joutes, des tournois, des actions d'éclat sur les champs de bataille. Il est un souvenir, une tradition.

II

Aux exercices du tournois, dans les joutes de plaisir, les chevaliers se servaient de lances mornées ou plutôt *bâtons rompus,* c'est-à-dire dont le fer était rompu ou ôté. Ces bâtons étaient aussi appelés *lances courtoises,* lances gracieuses, lances innocentes. Les Romains en avaient de semblables, dits *arma tresoria,* armes de jeu.

Dans les joutes sérieuses, on ne se servait aussi du bâton que pour se battre à pied, mais il était alors armé d'un fer en forme de lame; on le désignait en ce cas sous le nom d'*estoc;* c'est ce qui donna lieu à cette locution : *Frapper d'estoc et de taille.* Ces deux manières de combattre différaient entre elles comme l'escrime et le duel.

III

Nous devons mentionner ici une joute au bâton appelée le *Behourt,* qui avait lieu dans plusieurs villes, et particulièrement à Amiens, le premier dimanche de carême. Quoique cet exercice fût une imitation des joutes de plaisir dans les tournois, il n'était pas toujours sans dangers. Les jeunes gens de la ville s'escrimaient avec des bâtons non ferrés, mais dont ils tapaient dru. On lit dans une lettre de rémission de 1436, citée par Carpentier dans son Glossaire : « Le jour des Bran-« dons, iceux compaignons tenant *bouhours* (bâtons) en « leurs mains, desquels ils s'esbastaient l'un contre « l'autre. »

IV

La législation des tournois réglait la joute au bâton.

Il est dit dans le *Théâtre d'honneur de la vraie chevalerie* que « qui donne plus de cinq coups de son « bâton perd le prix, et que celui qui le laisse tomber « perd aussi. »

Ces joutes, dans les tournois, étaient présidées par des hérauts d'armes qui tous tenaient un bâton à la main.

Il n'est donc pas surprenant que cette arme soit devenue une pièce honorable du blason, et qu'elle soit restée un ornement destiné à perpétuer les traditions de la famille.

V

Nous lisons dans la *Vraie Science des armoiries :*

« Le baston est assez commun et ne requiert point
« d'autre éclaircissement, sinon qu'il tire parfois de
« l'une des extrémités de l'écu à l'autre ; en ce cas, on
« dit : brochant sur le tout. »

Le bâton brochant sur le tout est signé de pure noblesse, celle qui n'a jamais *forligné*, comme on eût dit
au temps passé.

Le bâton est raccourci, péri en bande ou péri en
barre. La science obscure du blason explique ainsi ces
différents signes :

Le fils naturel d'un noble, s'il avait été reconnu et que
le roi lui accordât des lettres de noblesse, n'avait droit
qu'au bâton raccourci, quand bien même son père le
portât dans ses armoiries brochant sur le tout.

Cet emblème raccourci d'une noblesse diminuée
figure timidement au milieu de l'écu.

Les dérogeances, les mésalliances sont souvent indi-
quées par le bâton tirant de droite à gauche et s'arrêtant
au milieu de l'écu. C'est ce qu'on appelle : péri en bande.

Le bâton qui va de gauche à droite, s'arrêtant au milieu de l'écu, se nomme : péri en barre. C'est le signe de
bâtardise.

Les exemples de ces armoiries traditionnelles sont nombreux ; il faut les lire dans les livres spéciaux. Nous n'en citerons que quelques-uns, qui sont tout simplement curieux.

VI

Le duc d'Orléans, ennemi du duc de Bourgogne, portait pour devise, dans ses banderoles, un bâton noueux avec ces mots : *Je l'envie !*

Le duc de Bourgogne y répondit en faisant peindre un rabot sur les siennes, pour exprimer qu'il raboterait le bâton noueux du duc d'Orléans.

Henri III avait le bâton dans ses armes. Le jour où il fut assassiné, la foudre donna contre les vitres de la chapelle de Bourbon-l'Archambault, où se trouvaient dessinées les armoiries du roi. « Événement providentiel, dit le chroniqueur : la foudre brise le bâton, sans toucher aux trois fleurs de lis, lesquelles demeurent entières pour Henri IV. »

Le connétable Charles de Bourbon portait le bâton entier brochant sur le tout, comme François Ier et comme la branche aînée des Bourbons le porte encore.

François d'Orléans, bâtard du marquis de Rothelin, fils naturel d'un d'Orléans, portait le bâton péri en barre.

Le duc du Maine, fils naturel de Louis XIV, portait comme son père : de France, mais avec l'addition du bâton péri en barre.

Et dire que plus d'un roturier ne se trouverait pas très-honoré d'étaler ainsi en public la marque de sa bâtardise! Mais les grands ne sont pas tenus d'avoir les sentiments de délicatesse des petites gens.

VII

Depuis saint Louis jusqu'à Charles VII, les seigneurs et les dames portaient la représentation de leurs armoiries peintes ou brodées sur leurs habits. — Voici la description d'une gravure assez curieuse où figure, entre autres emblèmes, le bâton des Bourbons :

On reconnaît la reine Jeanne de Bourbon, femme de Charles V. Elle va au-devant de sa mère, la duchesse de Bourbon, qui, ayant été faite prisonnière par les Anglais, vient d'être échangée contre Simon de Burle, chevalier du prince de Galles.

La reine porte son blason sur sa robe; sur sa jupe, semée de fleurs de lis, on voit le bâton de Bourbon.

Elle tient sur sa main gauche un oiseau, signe de seigneurie.

La reine est menée par Jean de Bourbon, comte de

la Marche, qui lui sert de chevalier d'honneur. On le reconnaît de même au bâton de Bourbon, — mais ce bâton
est subdivisé de trois lionceaux d'argent, brisure de
Bourbon la Marche.

On y voit Marie, fille de Charles V, âgée à peu près de
trois ans, qui porte parti de France et de Bourbon.
Après viennent six princesses ou dames divisées en deux
rangs. Celles du premier rang, qui est de quatre, tiennent chacune un chien attaché à une longue laisse.

La première est la jeune duchesse de Bourbon, dau-
phine d'Auvergne et comtesse de Forez, femme de
Louis II. Sa robe a le bâton de Bourbon.

La queue de la robe est portée par la quatrième dame
de ce rang, qui est la dame de Nédonchelle. Les trois
sœurs de la reine ont leur robe blasonnée partie de
Bourbon et partie des armes de leurs maris.

Isabeau de Valois, duchesse de Bourbon, mère de la
reine, veuve de Pierre Ier, duc de Bourbon, porte un
voile comme veuve et est revêtue de son blason, où
figure, ainsi qu'aux autres, le bâton de Bourbon.

VIII

Avant la Révolution, le plus simple bourgeois pouvait, moyennant finance, avoir des titres de noblesse et

s'offrir des armoiries avec accompagnement de couronnes de comte ou de marquis.

Les règles du blason étant tombées en désuétude, il était loisible au noble d'ajouter à ses armes tel emblème qui pouvait flatter sa vanité. — Le bâton seul resta un des signes qu'on ne pouvait s'arroger — même en payant.

A partir du xv⁰ siècle, les armoiries ne sont déjà plus une véritable tradition, ni une marque d'honneur pour la noblesse. Les descendants des preux ont cessé d'être scrupuleux dans l'observance des lois du blason. Combien les ont modifiées au gré de leur caprice ou suivant les exigences de la nécessité! Combien ont encore, dans leurs armoiries, le bâton brochant sur le tout,... tandis qu'il ne devrait y figurer que péri en barre ou en raccourci !

Ah! si les ancêtres pouvaient revenir, — leur bâton à la main, — quelle piteuse figure feraient leurs descendants.

Mais ne prolongeons pas ces considérations. — La science héraldique a des mystères qu'il ne faut pas trop chercher à approfondir.

Pour beaucoup de familles nobles, il est préférable que la lumière historique reste sous le boisseau.

CHAPITRE III

MAÎTRE ET BATON

Le titre de Maître. — Le bâton des Grands-Valets de cour — et des Grands-
Maîtres de l'armée. — Maître au Palais. — Le bâton de Saint-Nicolas.

I

Un mot dont l'ancien régime a usé presque autant que du bâton : MAÎTRE !!!

Dans leur acception grammaticale ou figurée, Maître et Bâton expriment également l'autorité.

L'un de ces deux mots réveille de suite l'idée de l'autre ; ils étaient destinés à s'unir pour commander.

Maitre !!! Ce mot — qui fait pressentir le Sujet — allait trop bien aux mœurs de la féodalité pour qu'elle n'en fît pas un titre, et ce titre flattait trop bien toutes les vanités pour ne pas exciter toutes les ambitions. A la cour, à l'armée, au palais, cette qualification devint une dignité, un privilége, une puissance.

II

Cela commença à la cour, où, par une remarquable substitution de mots, les Valets du Roi furent tout à coup honorés du titre de Maîtres!! il n'y eut plus ni valet de chambre, ni valet d'écurie, ni chef de cuisine, il n'y eut plus que des Maîtres!!! ou des Grands-Valets!

Maître de la garde-robe, Maître-chambrier, Maître-queue. Les deux premiers valets s'appelèrent : Grand-Maître de France et Grand-Maître des cérémonies.

Mais, comme pour rappeler leur origine servile aux autres Valets-Maîtres de la cour, les deux Grands-Maîtres reçurent chacun le bâton comme insigne de leur Autorité.

III

Le bâton du Grand-Maître de France date de l'origine de la monarchie. Il est virolé d'or. Le roi le mettait en mains du Grand-Maître quand il recevait son serment.

La juridiction de ce bâton s'étendait sur les Maîtres de l'oratoire, Maîtres de chapelle, Maîtres d'hôtel, Maîtres de chambre, etc., etc., enfin sur une foule de Maîtres subalternes.

C'était le premier bâton de la cour.

IV

Le bâton de Grand-Maître des cérémonies a une origine tout aussi ancienne et n'avait pas moins de pouvoirs, bien qu'il ne marchât qu'en deuxième ordre.

Ce Grand-Maître devait porter à la main son insigne de commandement dans toutes les cérémonies de la cour. C'était un bâton d'une longueur ordinaire, recouvert de velours noir. Il avait le bout et le pommeau en ivoire.

Il est à supposer que le jour où le titre de Grand-Maître fut donné aux chefs de la domesticité de la cour, leur charge n'était pas une pure dignité, mais une fonction active, et que leur bâton de commandement avait des attributions plus réalistes que symboliques.

V

A l'armée, il y eut le Grand-Maître de l'artillerie, dont un bâton richement orné, comme celui d'un Maréchal de France, était la marque distinctive.

Le bâton de Grand-Maître de l'artillerie a été illustré par Sully.

N'oublions pas deux autres maître-bâtons qui ont encore l'honneur de marcher fièrement à la tête des bataillons : le tambour-maître et le tambour-major.

VI

Les ordres religieux et militaires, les associations, les confréries étaient gouvernés par des Grands-Maîtres ou des Maîtres portant aussi le bâton comme insigne. Les corps d'état avaient des priviléges et s'appelaient Maîtrises.

C'est au Palais surtout que le titre de Maître fut particulièrement en honneur et se généralisa ; avocats, procureurs, avoués, notaires, greffiers ne s'octroyèrent plus que cette qualification.

Le chef des avocats, entre autres, eut le bâton ; mais ce bâton n'a jamais été qu'emblématique. C'est peut-être pour cela que la Révolution ne l'a pas brisé. Le bâton qu'il portait à la procession de Saint-Nicolas n'était pas le sien, c'était celui du saint.

VII

Le titre de bâtonnier, qui est encore donné à un des plus anciens avocats inscrits sur le tableau, avant l'abolition des Maîtrises, était donné aux chefs des différents corps et des différentes confréries ou communautés.

On les appelait ainsi parce qu'on prenait ces chefs parmi les plus vieux, c'est-à-dire parmi ceux qui avaient déjà besoin du bâton, « et on leur donnait également le bâton, dit Ducange, pour marquer l'empire et le commandement sur tous les membres de la compagnie. »

Aujoud'hui, le titre de Maître n'est plus un privilége, chacun peut le devenir avec du travail, de l'honnêteté, du savoir et surtout du savoir-faire.

CHAPITRE IV

I

Le bâton de Maréchal de France est la marque du premier grade de l'armée.

Les savants ne se sont jamais mis d'accord sur l'étymologie de Maréchal, mais tous ont conclu cependant que, dans l'origine, ce nom ne désignait qu'un officier de l'écurie du roi chargé de ferrer et de panser les chevaux. Il ne faut pas être bien savant pour deviner cela.

Quand cette charge subalterne devint une dignité militaire, il est bien permis de croire que l'insigne de commandement que donna le roi à son robuste Maréchal ne fut point un dérisoire bâton emblématique, comme celui des Maréchaux de nos jours, mais que ce fut un vrai bâton au, haut duquel figurait peut-être un fer à cheval en forme de croissant.

Philippe-Auguste fut le premier qui, en 1191, octroya à ce bâton le commandement des troupes.

Cette dignité de Maréchal de France était alors amovible. C'est François Ier qui créa, en 1516, le premier Maréchal à vie, en la personne de Gaspard de Coligny-Châtillon.

II

Sous saint Louis, il n'y avait encore qu'un seul Maréchal de France. Sous François Ier, il y en eut deux ; sous Henri II, quatre ; sous François II, cinq. L'amour du bâton grandissait peu à peu. Sous Charles IX, il y avait déjà sept Maréchaux. Henri III en voulut neuf !... A partir de Henri IV, le chiffre n'en est plus fixé, et quand la révolution de 1793 abolit le maréchalat, on comptait bien près de cinq cents bâtons dans l'état-major français.

L'exemple de Scipion de Fiesque, qui refusa le titre de Maréchal de France que lui offrait Catherine de Médicis, n'avait pas eu beaucoup d'imitateurs. « Madame, avait répondu de Fiesque à la reine, j'ai servi longtemps sur terre et sur mer, je me suis toujours conduit en homme d'honneur, mais cela ne suffit pas pour avoir droit de porter le bâton de Maréchal de France. »

III

Ce bâton est un de ceux qu'on a toujours des plus enviés et... satirisés.

Le Maréchal de Duras ayant un jour menacé Linguet de le faire mourir à coups de bâton, celui-ci lui répondit :

« Monsieur le Maréchal, vous n'avez pas l'habitude de vous en servir ! »

C'est ce qui donna lieu aux vers suivants :

> Monsieur le Maréchal, pourquoi cette réserve,
> Quand Linguet le prend sur ce ton?
> Que ne le faites-vous mourir sous le bâton,
> Afin qu'une fois il vous serve ?

IV

L'histoire nous a conservé plusieurs autres anecdotes concernant cet illustre bâton. On connaît celle-ci du grand Condé, qui, à la bataille de Fribourg, en 1644, jeta audacieusement son bâton dans le camp ennemi

et courut ensuite pour le ramasser à la tête de ses soldats.

Ceci me rappelle ce que me disait un jour un vieux général de mes amis : « Il y a toujours un bâton de commandement qu'un chef de troupes ne doit jamais hé-
siter à lancer sur le terrain ennemi : c'est le drapeau. »

V

N'omettons pas cette autre anecdote, guère plus
vieille et tout aussi connue. Louis XIII assiégeait Hes-
din ; la brèche faite, il voulut entrer dans la ville avant
l'ouverture des portes, et, sa canne à la main, il escalade
le rempart. Dès qu'il est monté sur la brèche, il se retourne vers M. de La Milleraye qui le suivait.

« Je vous fais Maréchal, lui dit-il en lui présentant
sa canne... Tenez, prenez ce bâton... les services que
vous m'avez rendus m'obligent à cela. »

M. de La Milleraye hésita, mais sur les instances du
roi il accepta sa canne.

VI

Cette canne valait bien ce petit morceau de bois
de cinq décimètres de long, recouvert de velours, semé

6.

d'aigles ou de fleurs de lis, surmonté d'une calotte de vermeil et qui ressemble bien mieux au joujou d'un enfant qu'à l'insigne de guerrier. Bâton minuscule, soupçon de bâton, accordé trop souvent au favoritisme, et qui ne s'était fait peut-être si petit que parce qu'il était honteux des services rendus. Car à mesure que ces insignes se multiplièrent, beaucoup devinrent la récompense de mérites qui n'avaient rien de commun avec Mars et Bellone : ... témoin Vivonne, qui fut fait Maréchal « en prévision de ses futurs exploits, » dit Mme de Sévigné.

VII

On sait que Vivonne n'était ni très-moral, ni très-scrupuleux, encore moins guerrier... mais il était le frère de Mme de Montespan, alors la concubine en faveur du grand roi ; le maréchalat lui revenait donc de par les droits de l'amour. — Or, sur une liste de bâtons à donner, que Louvois avait soumise à la sanction de son maître, soit par oubli, soit par pudeur, le nom de Vivonne ne figurait point.

Mme de Montespan, qui avait l'habitude de fouiller dans la culotte de son royal amant, y trouva cette liste, et... son dépit fut extrême de voir qu'on avait écarté son frère ! ! ! Elle exigea qu'il y fût inscrit sur l'heure... Ce que le monarque s'empressa de faire lui-même « de sa royale main ».

Et voilà comment Vivonne gagna son bâton de Maréchal.

VIII

Sous Henri IV, la même cause avait produit un effet tout contraire. Le brave Crillon, qui n'était pas riche, ambitionnait pour ses vieux jours le bâton de Maréchal. Certes Henri IV aurait bien voulu le lui donner... mais il fallait compter avec sa maîtresse du moment, la belle Gabrielle d'Estrées,... et l'honnête Crillon, malgré la haine qu'il savait devoir s'en attirer, s'était uni à Sully pour empêcher le monarque de commettre une sottise en l'épousant.

De même que, pour plaire à Mme de Montespan, Louis XIV avait donné le bâton à Vivonne, de même, pour plaire à Gabrielle d'Estrées, Henri IV le refusa à Crillon.

IX

Les curieux peuvent voir au musée d'Avignon un superbe portrait en pied de Crillon. — Le héros est représenté moitié en habit de cour et moitié en habit de guerre. Sa main gauche est appuyée sur la garde de son épée et sa main droite sur un bon et solide bâton.

Ce portrait est tout un poëme.

En voyant l'air martial du héros, on songe à son courage indomptable, à son grand cœur, à son honnêteté.

En voyant son épée, on se rappelle ses nombreux exploits...

Et à l'aspect de son bâton, on gémit de cette faiblesse d'un roi qui, pour plaire à une courtisane, n'a pas craint d'être injuste envers le plus grand capitaine de son siècle!

X

Henri IV cependant avait voulu donner un bâton à Crillon — mais non point celui de Maréchal de France.

Le roi galant avait créé pour son ami la place de colonel général de l'infanterie, avec le droit de porter le bâton comme marque de cette dignité.

L'histoire rapporte qu'au siége de Charbonnières, ville de Savoie, Crillon commandait l'infanterie, et Sully, qui avait récemment reçu le bâton de Grand-Maître de l'artillerie, foudroyait la place.

Les assiégés, découvrant en plein les deux généraux, faisaient sur eux un feu terrible. Crillon, toujours de sang-froid, entendant siffler les balles à ses oreilles, s'arrêta.

« A ce que je vois, dit-il en riant, ces gens-là ne respectent ni le bâton de Grand-Maître ni le bâton de colonel général. »

Henri IV, qui avait refusé le bâton au brave Crillon, n'était pourtant pas avare de cette dignité. Il fut le premier à la prodiguer à ses courtisans, — et surtout aux chefs de la Ligue, malgré un édit des états de Blois, tenu sous Henri III, qui ordonnait que le nombre des Maréchaux de dépasserait pas quatre.

En 1705, les Maréchaux de France qui vivaient alors reçurent une distinction toute particulière. Louis XIV les fit chevaliers de ses ordres, et ajouta ainsi le cordon au bâton; mais — exemple singulier de modestie et de fierté — Catinat n'accepta point cet honneur.

« J'ai accepté le bâton pour combattre nos ennemis, dit-il, je n'ai pas besoin d'autre attache pour faire mon devoir. »

XI

Le bâton de Maréchal de France n'existera bientôt plus qu'en souvenir. La révolution de 1793 l'avait brisé, l'Empire l'avait rétabli : une autre révolution le brisera encore.

Ce bâton, qui, depuis Philippe-Auguste jusqu'à nos jours, a été porté par tant d'hommes illustres à côté de tant de nullités militaires, s'est déshonoré en 1870 avec le Maréchal Bazaine à Metz.

Il est vrai que — par compensation — il s'est illustré en la personne du maréchal Mac-Mahon à la bataille de Sedan.

On sait que ce brave général, voyant la bataille perdue, se jeta au milieu des combattants en s'écriant :

« Il faut qu'on apprenne comment sait mourir un Maréchal de France quand il ne peut pas vaincre. »

CHAPITRE V

LE BATON DU PÈLERIN.

Le bon compagnon. — Les insignes du pèlerin. — La messe du pèlerin.
— Bénédiction de la croix, de la besace et du bâton. — L'investiture du bâton.
— Pèlerins et pèlerinages d'autrefois. — Les légendes de pèlerins. —
Le bâton de Saint-Pierre. — Pèlerins et pèlerinages d'aujourd'hui.

I

Il est un bâton dont la seule pensée me fait sourire et qui, symbole de charité, de douceur, de piété, fut toujours l'ami et le compagnon de l'homme :

C'est le bâton du pèlerin.

Celui-là n'a jamais exercé un pouvoir despotique ; il ne s'est jamais fait complice ni de la méchanceté, ni de l'orgueil, ni de la vanité des grands ; il a vécu son époque sans verser une seule goutte de sang humain, sans faire couler une seule larme.

Et tandis que — dans cette féodalité tyrannique — tant de bâtons étaient maudits, lui — l'humble bâton

du pèlerin — ne recueillait partout que des bénédictions.

II

J'aime à me reporter en esprit à ces temps du moyen
âge où tant de pieux fidèles partaient de tous les points
de la chrétienté, pour aller visiter le Saint-Sépulcre
de notre Sauveur ou le tombeau d'un saint vénéré.

Une tunique de laine, une coule, un capuchon, voilà
tout le costume.

Une croix, une besace, un bâton, voilà tout le bagage
de ces voyageurs du bon Dieu.

Mais, semblable au chevalier qui n'avait pas le droit
de se mettre en route avant d'avoir reçu la consécration
de ses armes, de même le pèlerin ne partait jamais sans
avoir fait bénir sa croix, sa besace et son bâton, — ses
armes à lui !

III

Le jour du départ était solennel : solennelle était la
bénédiction des insignes de son pèlerinage.

Ce jour-là, les cloches sonnaient leurs plus joyeux carillons ; l'église était parée et illuminée comme en une fête ; la croix, la besace, le bâton du pèlerin étaient déposés sur l'autel où le prêtre allait célébrer la sainte messe.

Le pèlerin, agenouillé dans le chœur, priait !

La messe finie, le prêtre lui remettait ses insignes, en récitant les oraisons suivantes :

IV

BÉNÉDICTION DE LA CROIX.

Bénis, Seigneur, ce signe de la sainte Croix, emblème du voyage à Jérusalem, signe par lequel tu as arraché le monde du pouvoir des démons, et par lequel tu as mis à néant les suggestions du diable, qui se réjouissait de la prévarication du premier homme en mangeant le fruit défendu.

Sanctifie, Seigneur, ce signe de ta Passion, afin qu'il soit une barrière à tes ennemis, et un gage de secours pour ceux qui croient en toi.

Frère, reçois ce signe, et dirige ta course vers le glorieux sépulcre de notre Rédempteur, quant à la nature humaine ; afin qu'en répandant devant ce sépulcre les petits ruisseaux de tes larmes, tu puisses laver la souillure de tes iniquités avec l'assistance divine.

V

BÉNÉDICTION DE LA BESACE.

Au nom de Notre-Seigneur Jésus-Christ, reçois cette besace, livrée de ton pèlerinage, afin que, bien châtié, bien lavé et bien amendé de tes fautes, tu puisses parvenir au tombeau où tu désires aller, et que, ton voyage accompli, tu retournes vers nous bien portant.

VI

BÉNÉDICTION DU BATON.

Reçois aussi ce bâton de ton voyage au nom de Notre-Seigneur Jésus-Christ, qui envoya à son serviteur Tobie un ange pour marcher devant lui et lui servir de guide. Qu'il te dirige comme l'ange et te conduise au lieu où tu veux aller !

Que ce bâton soit pour toi un joyeux compagnon, et que par lui aucun ennemi ne puisse te faire obstacle ; que la rencontre des méchants soit loin de toi, et que le Saint-Esprit daigne avec lui guider tes pas. — Par Notre-Seigneur Jésus-Chrit, qui vit et règne dans l'unité du

Saint-Esprit, avec Dieu le Père, dans tous les siècles des siècles. Amen.

Ces naïves formules de prières, je les traduis d'un collectaire à l'usage du diocèse d'Orléans, manuscrit du XIIe siècle, conservé au musée d'Avignon.

VII

A cette époque, le bâton entrait non-seulement dans le costume des pèlerins, mais il était obligatoire dans la plupart des confréries religieuses, qui avaient pris une extension prodigieuse.

En 1241, Grégoire IX prescrit aux Augustins de ne jamais sortir sans avoir à la main un long bâton en forme de béquille.

C'est chez les moines de Saint-Denis que nos rois allaient recevoir l'oriflamme et le bâton quand ils entreprenaient un voyage outre-mer. C'est là que Louis le Jeune et Philippe-Auguste reçurent l'investiture du bâton de pèlerin.

VIII

Il n'y a pas longtemps qu'on voyait encore passer parfois sur les grandes routes des pèlerins vendant des chapelets bénis par le pape, et achetés presque toujours chez un marchand de la ville voisine. Il y en avait même qui prétendaient venir de Jérusalem, alors qu'ils arrivaient en droite ligne de quelque ermitage où les avait attirés l'amour de l'oisiveté plutôt que la prière.

Ces pèlerins, en plus de la croix, de la besace et du bâton, avaient une gourde respectable que les braves gens leur remplissaient toujours de leur meilleur vin. — C'est peut-être à cause de cette gourde que le bâton est souvent appelé *gourdin*.

L'antique tradition des pèlerinages était perdue, et si, parmi ces pèlerins, il y avait encore des hommes simples qui prenaient le bourdon pour l'amour de la croix, c'est qu'il reste toujours au fond des cœurs une étincelle de la foi chrétienne.

IX

Je me souviens des contes qu'on me faisait encore enfant. — Les légendes de pèlerins avaient surtout le

privilége d'exciter ma curiosité, et le narrateur —
une bonne vieille grand'mère qui en savait tant et plus
— soutenait invariablement que *c'était arrivé.*

Une histoire merveilleuse — entre autres — était celle
du bâton de Saint-Pierre.

La bonne grand'mère avait vu le bâton, elle l'avait
touché. . . et elle avait peut-être raison de dire : *C'est arrivé,* car je trouve la légende de ce bâton miraculeux
dans *lou Grand Calendrier deis bergiers, coumpousa en vers
prouvençaou, per lou bergier de la grando mountagno,* —
et dont voici la traduction à peu près littérale :

LE BATON DE SAINT-PIERRE.

Voyez-vous, sur les grandes routes,
Passer le pieux pèlerin ?
Sa besace est pleine de croûtes,
Sa gourde est pleine d'un bon vin.
Son manteau gris à pèlerine
De coquillages est garni,
Et son gros chapelet béni
Se balance sur sa poitrine.
A sa main est un long bâton
Que notre saint Père, dit-on,
Au bon pèlerin a fait don.

Grâce à ce bâton, le saint homme,
Frais et dispos, suit son chemin,
Aujourd'hui revenant de Rome,
A Rome retournant demain ;
Riche malgré son indigence,
Vivant bien, mais vivant de peu ;
Ce qu'on lui donne au nom de Dieu,
Il vous le rend en indulgence.
Heureux qui touche le bâton
Qui du ciel a reçu le don
De terrasser le noir démon.

C'est ce bâton qui lui conserve
Son teint fleuri, son pied léger ;
C'est ce bâton qui le préserve
De tout maléfice et danger.
Ce bâton, c'est l'ami fidèle,
C'est l'ange gardien qui le suit
Et qui, sans cesse, jour et nuit,
A ses côtés fait sentinelle.
Grâce soit rendue au bâton,
Dont le saint Père lui fit don
Pour être son bon compagnon.

« Pan ! pan ! pan ! qui frappe à cette heure ?
— C'est le bâton du pèlerin.
« — Entrez, entrez dans ma demeure.
Un bon vieillard lui tend la main.

. . . .

Le soir, en faisant sa prière,
Le pèlerin disait ceci :
« Merci, mon Dieu, mon Dieu, merci !
« Et gloire au bâton de Saint-Pierre.
« Qu'il bénisse cette maison,
« Qu'il en chasse le noir démon. »
Puis il dort près de son bâton.

X

De nos jours, les rares pèlerins qui vont encore à Rome, à Jérusalem ou à Saint-Jacques de Compostelle, par esprit de dévotion, ne revêtent pas le costume traditionnel. Ils ne prennent plus le bâton, mais le chemin de fer.

Les chemins de fer et les bateaux à vapeur ont dépoétisé les pèlerinages.

Nous ne sommes plus, il est vrai, à cette époque, où des chrétiens, affamés de foi, auraient cru montrer une coupable indifférence pour la religion, si, prenant les insignes du pèlerin, ils ne s'étaient mis en route, bien sûrs de rencontrer partout une hospitalité bienveillante qu'ils payaient avec des prières, leurs seuls trésors!

C'est dans les xie et xiie siècles que ces pieuses pérégrinations devinrent surtout très-communes.

XI

Depuis quelque temps, la mode des pèlerinages semble vouloir renaître en France. Nous avons vu naguère des milliers de voyageurs aller à Notre-Dame de Lourdes et à la Salette... Ce n'est point la piété qui les guidait!!!

La politique, plus que la religion, est aujourd'hui le mobile de cette ancienne pratique. Aussi, combien peu de ces nouveaux pèlerins, recevant une offense, suivraient l'exemple de Robert, duc de Normandie.

Ce prince avait pris le bourdon pour aller visiter le tombeau du Christ; survient un mécréant de l'époque, qui, ne le connaissant point, l'injurie et le frappe de son bâton. Le pieux voyageur se contenta de dire :

« Un pèlerin doit tout souffrir pour l'amour de Dieu. »

Et il baisa sa croix.

Cette résignation chrétienne n'est pas une vertu moderne.... et les pèlerins d'aujourd'hui ne sont plus obligés, comme ceux d'autrefois, de prendre les signes distinctifs du pèlerinage : la croix, la besace et le bâton.

LIVRE TROISIÈME

LES SUPERSTITIONS DU BATON

CHAPITRE I

LA BAGUETTE DIVINATOIRE

Pouvoirs mystérieux du bâton. — Ce qu'en disent Strabon, Hérodote, Tacite, etc. — Les bâtons devins des abbayes. — Comment les moines faisaient parler le bois. — Le bâton du diable. — Formule pour se le rendre favorable. — Le bâton du voyageur. — Formule pour sa consécration. — Ses grâces et ses vertus. — Les charlatans du bâton. — Mesmer. — La superstition dans les campagnes et... à Paris ! — Le secret de la baguette divinatoire.

I

Si le bâton date du premier arbre, nous pouvons dire que la superstition date du premier bâton.

La baguette de Circé transformant les hommes en brutes est la saisissante image de l'antique influence du bâton sur l'esprit des faibles mortels.

L'histoire fait remonter la divination par la baguette à l'époque où Moïse et Aaron, concurremment avec les magiciens de l'Egypte, opéraient des prodiges au moyen de leur bâton enchanté.

Chez tous les peuples, le bâton a exercé un pouvoir

7.

mystérieux sur les êtres et sur les éléments, et, de tous les temps, des imposteurs s'en sont servis pour perpétuer les préjugés, abrutir les esprits et entretenir ainsi la superstition.

Strabon et Philostrate rapportent que les brachmanes de Perse et des Indes devinaient les choses les plus secrètes et prédisaient l'avenir avec le bâton. — Hérodote parle des Scythes, Cicéron des Romains, Amien Marcellin des Alains, Tacite des Germains, comme ayant pratiqué ce genre de divination.

D'après Hérodote, c'est d'un bâton fait d'une branche de saule que se servaient les devins pour exercer leur art, qu'ils avaient appris des ancêtres.

Dieu reproche cette superstition à son peuple dans *Osée :*

« Mon peuple a interrogé le bois, dit le prophète, et
« le bois lui a répondu, car le mauvais esprit les a trom-
« pés. »

Depuis cette époque, le bois a tellement été interrogé, que la rabdomancie s'est implantée chez tous les peuples de la terre, et que tous ont encore une foi plus ou moins vive à la vertu surnaturelle du bâton.

Cette superstition, fortifiée par l'ignorance des peuples, est une de celles qui ont le mieux servi au charlatanisme pour en imposer à la crédulité publique.

II

La divination par le bâton se pratiquait si généralement, dès les premiers siècles de notre histoire, qu'un concile d'Agde, tenu en 506, défend absolument, dans son quatrième canon, à toute personne, ecclésiastique ou laïque, de prédire ainsi l'avenir. C'est de cette époque que datent les formules de divination par le bâton.

Les abbayes étaient le centre de ces pratiques superstitieuses, qui concouraient si bien à leur agrandissement, à leur fortune et à leur domination. C'est là qu'on allait interroger le bois, qui répondait le plus souvent de donner une partie, ou même tout son bien aux bons moines. — Il est vrai que, si quelqu'un n'avait pas obéi aux divines prescriptions du bâton, les bons moines, alors, faisaient parler le bois d'une manière beaucoup plus énergique.

III

On conservait, dans un couvent de Tolentino, un bâton dont le diable avait fait usage, à ce qu'assuraient les moines. Ce bâton, malgré son origine diabolique, avait une vertu singulière. Il suffisait de le toucher pour être préservé à tout jamais de l'enfer. Quels que fussent vos péchés, Beelzébuth, alors, n'avait plus droit de prise sur votre âme. Seulement, les moines y mettaient un si haut prix, que les riches seuls pouvaient profiter de ce moyen facile d'aller en paradis.

Voici comment le charme opérait : Après avoir payé une somme convenue, le pénitent était admis à placer sa main sur le bâton du diable, en présence des moines en prières, et dont l'un prononçait à haute voix les paroles suivantes :

« Au nom du Père, et du Fils, et du Saint-Esprit!

« Astaroth!... Astaroth!... Astaroth!.. tu es sous ma « domination;

« Tu n'auras plus aucun pouvoir sur l'âme de celui « qui, en ce moment, tient la main sur ton bâton.

« Astaroth!... Astaroth!... Astaroth! .. c'est toi qui « es au pouvoir de celui qui tient ton bâton... Tu ne le « domineras jamais! — car il s'est racheté de l'enfer « entre les mains des moines de ce couvent.

« Au nom du Père, et du Fils, et du Saint-Esprit! »

C'est dans les abbayes qu'on a trouvé les diverses formules se rapportant aux superstitions du bâton.

IV

Un bâton qui a joui d'un grand crédit chez nos pères, et qui a donné pour le moins autant de bénéfice à son couvent que celui du diable aux moines de Tolentino, c'est le bâton du voyageur. C'est un de ceux que la superstition avait entourés de plus de mystère.

La formule pour lui communiquer les grâces et les vertus particulières dont il était doué a été trouvée dans une abbaye des moines de Cîteaux. C'était le secret de ces religieux. — Ils ne le dévoilaient que contre espèces, à ceux qui, avant de se mettre en route, voulaient faire consacrer leur bâton de voyage.

Voici cette formule :

« Cueillez, le lendemain de la Toussaint, une forte
« branche de sureau que vous avez soin de ferrer par le
« bas ; ôtez-en la moelle, mettez à la place les yeux d'un
« jeune loup, la langue et le cœur d'un chien, trois lé-
« zards verts et trois cœurs d'hirondelles entre deux
« papiers saupoudrés de salpêtre ; placez par-dessus,
« dans le creux du bâton, sept feuilles de verveine cueil-
« lies la veille de Saint-Jean-Baptiste, avec une pierre
« de différentes couleurs qui se trouve dans le nid d'une
« huppe ; bouchez ensuite ce bout du bâton avec une
« pomme à votre fantaisie, et soyez assuré que ce bâton
« vous garantira : des brigands, des chiens enragés, des

« bêtes féroces, des animaux venimeux, des périls de
« toute espèce ; qu'il devinera les sentiers périlleux et
« vous les fera éviter, et qu'il vous procurera la bien-
« veillance de ceux chez qui vous logerez. »

Or, comme il était indispensable que le bâton du voyageur fût fait exactement comme l'exige la formule, — ce
qui était impossible au vulgaire, — le couvent en avait
toujours de tout apprêtés au service de ceux qui payaient
en conséquence.

Que n'aurait-on pas donné pour un bâton qui détour-
nait des mauvais chemins, préservait des voleurs et vous
assurait les bonnes grâces de ceux chez qui vous logiez?..

V

Depuis les fées du moyen âge jusqu'aux confrères
alchimistes, le charlatanisme et plus souvent l'amour
du lucre se sont servis du bâton pour en imposer à la
crédulité publique. Mais c'est du XVIIe au XVIIIe siècle que
cette superstition se généralise. Tout berger alors est
forcément devin ; son bâton prévoit les orages, prédit le
beau ou le mauvais temps et peut découvrir l'or, l'argent, le mercure, dans les entrailles de la terre ; on lui
attribue même le pouvoir de découvrir les voleurs et les
assassins.

L'histoire du fameux Jacques Aymard, quoique très-connue, mérite pourtant d'être rapportée ici.

Un homme et sa femme furent assassinés, en 1692, à Lyon, dans une cave. On fit venir de la campagne un nommé Jacques Aymard, qui se mêlait de suivre à la piste les larrons et les meurtriers. On le mena chez le procureur du roi, auquel il promit d'aller sur les pas des coupables et de les rencontrer, pourvu qu'il commençât par le lieu où avait été commis le meurtre. Aymard descendit dans la cave, par les ordres du lieutenant criminel et du procureur du roi, ayant entre les mains une baguette. Alors il fut ému, son pouls battit violemment, le bâton tourna rapidement dans les deux endroits où l'on avait trouvé les cadavres du mari et de la femme. Guidé par sa baguette, Aymard suivit les rues où avaient passé les assassins, longea le Rhône, escorté de trois personnes, s'arrêta partout où les voleurs s'étaient arrêtés, et bref les suivit ainsi à la piste jusqu'à Beaucaire, où il mit la main sur un des meurtriers. C'était un petit bossu qui avoua son crime et fut exécuté à Lyon.

Mais ce n'était point assez, il y avait des complices ! Aymard reprend son bâton, se remet en marche, passe par Nîmes, revient sur Toulon, où il y reconnaît que les voleurs se sont embarqués. Il s'embarque aussi et les trouve enfin dans le petit village de la Seyne.

L'auteur de l'histoire de ce fameux devin, Pierre Garnier, docteur en médecine, fait le récit d'autres phénomènes dus au bâton de son héros, et, n'y voyant rien que de très-naturel, il les explique par les règles du mouvement établies par Descartes, et par l'existence de la *matière subtile :* il finit en soutenant « qu'on n'est étonné de ce pouvoir du bâton que parce qu'on n'y est pas si accoutumé qu'à celui de l'aimant ». Nul n'est naïf comme un savant...

VI

Ni le livre du docteur Garnier, ni le livre qu'avait déjà écrit Bayle sur la même matière n'empêchèrent la crédulité publique d'attribuer à des causes surnaturelles les phénomènes de la baguette divinatoire.

Aussi, lorsque Mesmer arriva à Paris sa baguette enchantée à la main, il ne lui fut pas difficile de se faire de nombreux adeptes et de rassembler autour de son baquet mystérieux un foule de gens sortis de toutes les classes de la société et dont l'enthousiasme n'eut point de borne. Mesmer déclaré prophète, sa baguette fut acceptée comme un principe, et ses jongleries érigées en doctrine.

Quand donc tous les êtres humains seront-ils convaincus que même les phénomènes les plus merveilleux n'ont qu'une cause purement naturelle?...

Même à Paris, les pratiques superstitieuses ont conservé de nombreux croyants. Des industriels, en commerce avec les esprits ou plutôt avec les maraîchers, y trouvent des niais pour leur acheter fort cher des herbes magiques, mandragore, azédarach, mousse bouillie avec des crapauds, sur lesquelles ils ont prononcé la grande formule cabalistique de Salomon.

VII

Il ne faut donc point s'étonner si, dans beaucoup de villages, dans le Midi surtout, on va encore consulter les devins, qui, moyennant salaire, prédisent l'avenir ou découvrent les objets cachés en faisant tourner la baguette.

Pour que le charme opère, il est indispensable que l'instrument de divination réunisse toutes les conditions exigées par la magie et que la formule suivante soit scrupuleusement employée :

Secret de la baguette divinatoire.

« Dès que le soleil se lève à l'horizon, vous prenez en main une branche vierge de noisetier sauvage, vous la dépouillez des ses feuilles et vous dites : Je te ramasse au nom d'Eloïm, Mutrothon et Sémiphoras, afin que tu aies la vertu du bâton de Moïse et d'Aaron pour découvrir tout ce que je voudrai savoir. »

Pour faire opérer, on dit :

« Je te commande au nom d'Eloïm, Mutrothon, Adonaï et Sémiphoras. »

VIII

Espérons que, grâce aux lumières de la raison et à l'instruction qui se répand dans les campagnes, la baguette divinatoire n'existera bientôt plus que dans nos jardins, sous la forme gracieuse d'une fleur : le bâton de Jacob.

CHAPITRE II

LE BATON AUGURAL

Le prêtre augure chez les Romains. — La divination à huis clos. — La divination en public. — Comment opérait l'augure. — Son costume sacerdotal. — Il rend ses oracles. — Le prêtre augure chez les Germains. — Leur manière d'opérer. — Origine du bâton augural.

I

Un bâton qui avait anciennement une influence extraordinaire sur l'esprit du peuple, et auquel la superstition attachait surtout des vertus surnaturelles, c'est le Lituus pontificius des augures romains, appelé le bâton augural.

Les pouvoirs de ce bâton étaient des plus étendus ; il décidait de la paix ou de la guerre ; ses oracles devenaient de suite des articles de foi ; on lui demandait des conseils et l'on n'entreprenait aucune affaire sérieuse sans l'avoir consulté préalablement sur la réussite qu'on pouvait en espérer.

On connaît ce mot de Cicéron que deux augures ne pouvaient se regarder sans rire. Le grand orateur devait s'y connaître, ayant lui-même exercé ce sacerdoce. Mais le peuple n'en riait pas!.. Les prédictions des augures, il les acceptait comme des arrêts venus du ciel; malheur à qui eût voulu le détromper, la colère des dieux se serait appesantie sur ce mécréant!..

Il n'y avait point alors de libres penseurs à Rome.

Les gens instruits pourtant ne croyaient pas aux vertus divines du bâton augural, pas plus qu'ils ne croient aujoud'hui aux miracles de la Salette; mais comme on avait intérêt à laisser le peuple croupir dans l'ignorance, et que l'instruction obligatoire, cette pacifique machine de guerre destinée à faire crouler le vieux monde, n'était point encore inventée, les habiles avaient toute facilité pour empêcher leurs concitoyens de connaître jamais les artifices de la divination. De peur que ce qui concerne la religion transpirât dans le public, une fois le prêtre-augure investi du bâton augural, on ne pouvait plus lui ôter son sacerdoce. Par excès de prudence, il n'était élu que par les augures eux-mêmes.

II

Le bâton augural fut d'abord à Rome un moyen politique de faire de l'arbitraire. Les premiers rois s'en firent un instrument principal de domination. Il devint ensuite entre les mains des prêtres le plus facile moyen pour entretenir la superstition. On consultait l'augure non-seulement sur les affaires publiques, mais sur les affaires privées.

Voici comment les prêtres étaient sensés opérer, car le public n'étant pas admis à cette cérémonie, — que nous pourrions appeler la divination à *huis clos*, — il est bien certain que la célébration du mystère augural n'existait que dans l'imagination des croyants :

Le pontife tient à la main son Lituus, une long bâton recourbé en forme de crosse. Il est revêtu de sa *toga auguralis*, une longue robe très-rouge. Il se tourne gravement du côté de l'orient et désigne avec son bâton une partie du ciel. Cette partie du ciel s'appelle *templum*. Le pontife examine quels oiseaux paraissent et de quel côté du *templum* ils volent!..

Si les oiseaux allaient à droite, c'était signe heureux ; à gauche, c'était signe malheureux.

Le peuple ne doutait jamais que le pontife n'eût opéré consciencieusement et dans la forme prescrite, quand il rendait son oracle.

III

A côté de cette divination cachée, il y avait l'oracle rendu en public. Celui-ci se faisait avec solennité et frappait davantage les imaginations.

Un jour d'orage, quand Jupiter tonnait dans les nues, le pontife, revêtu d'une longue robe écarlate, coiffé d'un chapeau pointu, son bâton augural à la main, montait au plus haut d'une montagne, d'où la vue pouvait embrasser toutes les parties de l'horizon. Des flots de peuple le suivaient religieusement. Arrivé sur le sommet, il sacrifiait aux dieux, leur adressait une prière, à laquelle s'unissaient les spectateurs, puis, se tournant vers l'orient, il désignait avec son bâton le point du ciel qu'il voulait observer.... Alors si les éclairs sillonnent le firmament, si le tonnerre retentit, c'est que l'oracle sera rendu, heureux peut-être, peut-être malheureux, suivant le côté d'où partiront les éclairs et les éclats de la foudre. La crainte et l'espérance agitent tous ces cœurs, qui semblent suspendus au bâton du devin. On dirait que les éléments lui obéissent et que Jupiter lui-même va lui inspirer ses oracles.

IV

Les augures employaient d'autres moyens de divination où le bâton jouait un rôle moins visible, mais dont la supercherie n'était pas moins grande. Un des plus usités était l'oracle rendu par le plus ou moins d'appétit des poulets.

Si les poulets mangeaient bien une pâtée à eux offerte par le pontife, le présage était favorable ; le présage était funeste s'ils refusaient la pâtée.

Les prêtres pouvaient facilement obtenir des présages à leur gré. La garde des poulets leur étant confiée, ils n'avaient qu'à les affamer plus ou moins.

V

Suivant Tacite, les Germains avaient aussi une grande foi aux augures. « Leur manière de les consulter, dit-il, est très-simple : on coupe plusieurs baguettes d'un arbre fruitier ; après les avoir distinguées par certaine marque, on les jette pêle-mêle sur une étoffe blanche ; alors le prêtre de la cité s'il s'agit d'affaires publiques, le père de famille s'il s'agit d'intérêts particuliers, ayant fait une prière aux dieux, et regardant le ciel, lève trois fois chaque baguette, l'une après l'autre, et, suivant l'ordre où se présentent les différentes marques, il en donne l'explication. »

VI

L'origine du bâton augural remonte à Romulus, qui était, comme on sait, très-versé dans l'art de la divination. C'est à ce roi qu'on doit l'institution des augures, et c'est son bâton qui servit de modèle au Lituus pontificius.

Ce bâton de Romulus est toute une légende :

Lorsque Camille rentra dans Rome, saccagée et brûlée par les barbares, il n'eut rien de plus pressé que de faire rechercher les emplacements des lieux sacrés. Etant arrivés à la chapelle de Mars, après avoir fait le tour du *palatium*, qui n'était plus qu'un monceau de cendre, ceux qui faisaient les recherches découvrirent le bâton de Romulus parfaitement conservé. Tandis que tout le reste avait été consumé par le feu, seul le bâton pontifical du royal devin était resté sain et entier.

« Les Romains en eurent une extrême joie, dit Plutarque, et en conçurent une grande espérance pour Rome, ne doutant point que ce signe ne lui présageât et ne lui assurât une durée éternelle. »

Le bâton de Romulus, les prêtres le gardaient religieusement parmi les autres choses saintes. Sa conservation miraculeuse en avait fait un objet 'e vénération.

VII

Aujourd'hui le Lituus pontificius est remplacé par la crosse ; mais au moyen de cet insigne de leur dignité, nos évêques n'ont pas, comme les augures, la prétention de prédire l'avenir. Pour dominer le peuple, ils ont une arme bien plus puissante : la science !..

Et ceux qui, par leurs vertus, ont droit à notre vénération, c'est à leur qualité personnelle qu'elle s'adresse et non à leur bâton.

VIII

La religion druidique, qui avait pris naissance dans les forêts, et dont le culte consistait à la vénération du chêne, n'avait eu garde de ne pas se servir du bâton comme moyen de domination morale.

Pareils à Ogmius, l'orateur gaulois qui haranguait le peuple un bâton à la main, c'est en tenant une baguette blanche ou baguette magique que les druides rendaient leurs oracles.

Pendant des siècles, chez nos pères les Gaulois, le bâ-

ton enchanté des druides s'est fait complice de la superstition et a présidé à des cérémonies sanglantes dans
les bocages mystérieux.

IX

Les druidesses, qui se prétendaient fées, et qui, à ce
titre, partageaient le sacerdoce avec les druides, prédisaient aussi l'avenir en tenant une baguette à la main.

Suivant une antique tradition des habitants des montagnes du département de l'Aude, dans l'ancien pays de
Kercorb, les prêtresses appelées *les Encantados* (les en-
chantées) se servaient d'une baguette d'or pour abattre
le fruit des arbres. Cette baguette avait même le pouvoir
de les transporter à volonté dans l'espace.

Quand les *Encantados* voulaient franchir une vallée,
traverser un ravin, elles n'avaient qu'à s'appuyer sur
leur baguette magique, qui, s'allongeant indéfiniment,
leur servait de point d'appui.

De nos jours, le bâton n'accomplit plus de semblables
merveilles, mais dans nos campagnes on s'en sert toujours pour abattre le fruit des arbres....

La baguette d'or des druidesses est devenue la longue
gaule propice à la récolte des noix, des amendes et des
olives.

CHAPITRE III

LES BATONS SURNATURELS

Le bâton de Mahomet. — Ses prodiges. — Ce qu'il advint quand on voulut l'enlever de la mosquée de Médine. — Histoire du bâton d'Aroun-al-Raschid, d'un géant et d'un nain. — Histoire du fou Bahalul. — Un proverbe turc.

I

Les institutions humaines ayant toujours été basées sur le mensonge et sur l'abus de l'autorité, — ce qui fait que, tôt ou tard, notre édifice social croulera comme une maison mal bâtie, — il était impossible que le bâton, signe d'autorité par excellence, ne devînt pas un agent universel de la superstition, cette sœur éternelle du mensonge.

Ceci dit, avec l'espérance que la superstition disparaîtra un jour de ce monde avec ses croyances aveugles, et que la raison alors seule y règnera, ayant le flambeau de la vérité pour emblème!

Je retourne à mes... bâtons.

II

Chez les Mahométans, où, plus heureux qu'un roi constitutionnel, le bâton règne et gouverne à côté du cimeterre, Mahomet, pontife-roi comme Romulus, voulut comme lui que son bâton fût offert à la vénération des croyants.

Cet infatigable bâton, qui avait accompagné tant de fois le prophète de Médine à la Mecque, devant lequel tant de peuples s'étaient prosternés, et qui, entre autres prodiges, avait coupé la lune en deux; ce terrible bâton, qui fut, pour le législateur-conquérant, le meilleur argument de persuasion partout où il voulut imposer sa doctrine, et avec lequel il avait brisé, une à une, les 360 idoles dans la caaba de la Mecque, méritait, plus que tout autre, d'être mis au rang des objets sacrés.

III

Le jour même où Mahomet mourut... non, monta au ciel, — en l'an 632 de J.-C., — son bâton fut placé dans

une mosquée de Médine. On l'y conservait religieusement, et les pèlerins ne partaient jamais pour la Mecque
sans aller lui adresser une prière.

En 673, le calife Moaviah, comprenant combien ce
bâton pourrait être avantageux aux prosélytes d'Ali,
qui peuplaient alors l'ancienne capitale de l'Arabie,
tenta de s'en emparer pour l'emporter à Damas.

Par son ordre, des soldats arrivent à Médine, entrent
dans la mosquée où se trouve la dépouille de l'apôtre;
mais, au moment où ils vont porter leurs mains sacri-
léges sur son bâton, le soleil disparaît, les ténèbres en-
veloppent la cité ; les habitants sont dans la consterna-
tion, et les soldats reculent épouvantés sans oser toucher
à l'instrument sacré.

Instruit de ce phénomène, Moaviah renonça à son
dessein.

La ville de Damas ne cessa point, cependant, de con-
voiter le bâton du Prophète, et, en 703, Abdel-Malec,
qui venait d'être proclamé calife, voulut aussi le faire
enlever de Médine pour le placer dans une mosquée de
la Cité sainte, où siégeait le gouvernement.

A cet effet, il fit le voyage de Médine, ne voulant

8.

charger personne que lui-même de cette importante mission.

Mais au moment où il allait porter la main sur le bâton, un Médinois lui cria :

« Commandant des fidèles, renoncez à ce projet;
« Moaviah l'a tenté avant vous... Ce sacrilége vous por-
« terait malheur... et le Prophète vous maudirait. »

Ces paroles arrêtèrent la main d'Abdel-Malec, qui, pas plus que Moaviah, n'osa braver la superstition en touchant au bâton de Mahomet.

V

Un autre bâton est resté légendaire chez les Turcs, celui d'Aroun-al-Raschild. On sait que ce monarque avait l'habitude de rôder la nuit dans les rues de sa bonne ville de Bagdad, un énorme bâton à la main, et toujours accompagné de son esclave favori Mesrour.

Une nuit, comme ils retournaient au palais bredouille de toute aventure, ils se trouvent tout à coup en pré-sence de deux hommes qui se disputaient.

L'un, d'une haute taille, façon d'hercule, était por-teur d'un gros bâton.

L'autre, d'une taille au-dessous de la moyenne, n'a-vait aucune arme. A côté du géant, on l'eût pris volon-tiers pour un nain.

Aroun-al-Raschid et Mesrour s'étaient arrêtés, et naturellement ils se disposaient à protéger le plus petit.

« Vil mécréant, disait le grand en brandissant son bâton, si je n'avais pitié de toi, je t'assommerais comme un chien que tu es, pour le mauvais turban que tu m'as vendu si cher... Rends-moi mon or.

— Rendez-moi le turban, et je vous rendrai une partie de votre argent, mais non tout, car mon travail mérite salaire.

— Par Allah, exclame le géant irrité, ton travail ne mérite que des coups de bâton; défends-toi si tu peux, ou fuis ma colère, maudit esclave. »

A ces mots, Al-Raschid s'approche du petit homme :

« Tiens, défends-toi, » lui dit-il en lui donnant son bâton.

Le petit homme prend machinalement le bâton. Mais, ô surprise, à peine tient-il cette arme redoutable, que le géant pousse un cri de terreur et s'enfuit épouvanté.

A cette vue, le nain, on ne peut plus surpris, se prosterna aux pieds de son libérateur, et lui rendant son bâton :

« Quelle est cette arme enchantée qui a mis en fuite le plus fort des hommes? » fit-il d'une voix tremblante d'émotion.

Aroun éluda la question.

« Comment s'appelle cet homme, demanda-t-il, et pourquoi voulait-il vous frapper?

— Cet homme, répondit le nain, s'appelle Aboul-

Amoun; c'est un des plus riches marchands de la ville; il est doué d'une grande force; il m'aurait tué d'un revers de sa main s'il l'eût voulu. — Moi, je m'appelle Firouz le Persan, et je suis tailleur de mon état. J'allais rentrer dans ma demeure, quand Aboul-Amoun, m'ayant rencontré, est venu me chercher querelle à propos d'un turban que je lui ai vendu… Mais, à coup sûr, il était ivre, sinon il n'aurait pas cherché querelle à un pauvre esclave comme moi.

— Alors, comment expliquer sa fuite?

— Par la permission de Dieu, qui protége toujours le faible, surtout quand il n'a rien fait contre la loi du Prophète, — car mon turban valait l'or que m'en a donné Aboul, » ajouta le tailleur, qui tenait à passer pour un marchand consciencieux.

VI

Rentré dans son palais, Aroun-al-Raschid fit appeler Giafar, son premier ministre, et après lui avoir raconté, dans tous ses détails, son aventure de la nuit, il lui ordonna de faire rechercher Aboul-Amoun, le marchand, et Firouz, le tailleur persan, et de les interroger lui-même, en sa présence.

Peu d'instants après, le géant et le nain, plus morts

que vifs, paraissaient devant le calife et se prosternaient au pied de son trône.

Ils avaient bien fait, tous deux, leur examen de conscience; ils ne trouvaient rien dans aucune de leurs actions, ni de leurs paroles, qui pût ressembler à un crime d'Etat; mais n'importe, ils tremblaient!... — Le calife... le visir... des juges... la bastonnade... la mort peut-être... pensées sinistres qui, malgré leur innocence, les terrifiaient.

« Aboul-Amoun, prononça Giafar de sa voix la plus grave, tu sais que rien de ce qui se passe dans Bagdad, ni la nuit ni le jour, ne nous reste inconnu. Tu es ici en face du commandeur des croyants, et de la justice, qui punit le mensonge; songe donc à ne répondre que la vérité... Explique-nous pourquoi toi, un géant, tu as voulu frapper, tuer probablement, le pauvre nain que voilà, Firouz, le tailleur?...

— Je jure devant le commandeur des croyants de dire la vérité, répondit le malheureux marchand, dont le nez labourait le parquet... Je m'accuse et je me repends... Je ne sais quel méchant génie me poussait... Je demande pardon.

— Prends garde à tes réponses, Aboul-Amoun, dit sentencieusement le grand visir, qui, bien certainement, aurait eu plutôt envie de rire de la piteuse mine que faisait l'accusé, — tu dissimules la vérité, tu connais le mauvais génie qui te poussait à mal faire... tu avais bu du vin... — tu étais ivre... » ajouta Giafar sur un ton de colère.

A cette terrible accusation, hélas! dont il se sentit coupable, le pauvre Aboul-Amoun se crut perdu... Pour toute réponse, il frappa, par trois fois, du front sur le parquet. C'était un acte de contrition en même temps qu'un aveu.

« Aboul-Amoun, continua le visir, tu vas nous dire maintenant pourquoi tu as fui dès que Firouz a eu un bâton pour se défendre, toi qui l'avais provoqué?

— Pourquoi, pourquoi, balbutia le malheureux marchand en relevant un peu sa figure blême et poudreuse, c'est que... j'ai cru voir entre les mains de Firouz le bâton du Prophète. »

VII

L'histoire rapporte aussi qu'Aroun-al-Raschid avait un fou fort sage. Il s'appelait Bahalul.

Un jour, le monarque lui ordonna de faire la liste de tous les fous de Bagdad.

« Seigneur, répondit Bahalul, ce serait un trop long ouvrage... Si vous voulez la liste des gens raisonnables, ce sera fait en un instant. »

VIII

Une autre fois, Bahalul entre dans la salle où le célèbre calife donnait ses audiences. Le trône est vide ; il
va s'y placer, et prend son bâton, faisant mine de juger.
Les gardes le chassent avec des coups sur les épaules ; il
pleure.

Aroun entre en ce moment :

« Pourquoi pleures-tu, Bahalul ?

— Hélas ! seigneur, ce n'est point parce qu'on m'a
bâtonné que je gémis... la compassion que j'ai pour
vous est le seul sujet de mes larmes, car si je mérite le
bâton pour m'être assis un seul instant sur votre trône,
à quoi ne devez-vous pas vous attendre, vous qui vous y
placez tous les jours. »

Le fou n'eut pas raison, cette fois, de répondre impa-
tiemment au terrible meurtrier de Giafar. Le lendemain,
on le trouva mort, et le peuple fut persuadé que le ciel
l'avait foudroyé pour s'être assis sur le trône du calife et
avoir touché au bâton du Prophète.

IX

Le bâton d'Aroun-al-Raschid donnait lieu aux plus
étranges préjugés. Les uns prétendaient qu'il avait ap-

partenu à Mahomet, et que si cet illustre calife avait pu faire sept fois le pèlerinage de la Mecque, dont une fois à pied, son bâton en était la cause. D'autres soutenaient que ce bâton était celui du célèbre Omar, dont l'historien arabe Alvakedi a dit : « Le bâton d'Omar inspirait « plus d'épouvante que l'épée de ses successeurs. »

X

Et c'est ainsi que, pour justifier à leurs propres yeux leur faiblesse et leur lâcheté, les peuples accordent volontiers des pouvoirs surnaturels au bras qui les domine, à l'instrument qui les frappe. La peur est, avec l'ignorance, un des plus sûrs agents de la superstition : voilà pourquoi, depuis le commencement des sociétés humaines, on se prosterne devant les despotes.

Un proverbe turc dit :

Veux-tu être adoré, fais peur.

Veux-tu faire peur, sois despote.

Veux-tu te faire despote, sois bâton et frappe.

CHAPITRE IV

LES BATONS PROLIFIQUES

Le bâton du temple de Junon, à Athènes. — L'amour de la maternité. —
Le droit des femmes sur les célibataires. — Les mariages par la grâce
des coups de bâton. — Les bâtons mâles et les bâtons femelles.

I

Je ne sache pas qu'il existe au monde une chose à laquelle on ait attribué plus de pouvoirs mystérieux qu'au bâton.

En Grèce, les empiriques s'en servaient généralement pour guérir toutes sortes de maladies.

Certains bâtons, conservés par les prêtres, avaient même la vertu de rendre les femmes fécondes.

L'histoire apprend qu'à Athènes, quand une femme, après la première année de son mariage, n'avait point eu d'enfant, elle se présentait au temple de Junon, où était gardé un bâton auquel la déesse qui préside aux accouchements avait accordé le don de fécondation.

Un prêtre lupercale avait dans le temple la spécialité de la chose. Voici comment elle se pratiquait :

La femme stérile — ou craignant de l'être — allait dans le temple de Junon, se dépouillait de ses vêtements, se couchait par terre, et le prêtre lui administrait neuf coups de bâton bien sentis.

Neuf mois après, un citoyen... ou une citoyenne, recevait le jour dans la république.

Les prêtres assuraient que ce moyen était infaillible.

II

L'amour de la maternité ne serait peut-être pas assez puissant aujourd'hui pour engager les femmes à se servir de ce moyen énergique... En sont-elles moins superstitieuses?

Dans l'église paroissiale d'Apt, département de Vaucluse, on conserve religieusement un petit berceau qui, suivant la croyance populaire, est celui de sainte Anne.

Ce berceau — où la mère de la très-sainte Vierge a dormi ses premiers sommeils — a reçu aussi le don de fécondation.

Les femmes stériles n'ont qu'à le bercer neuf fois... et,

neuf mois après, elles sont sûres de mettre un enfant au monde.

Le bâton ou le berceau, la superstition est absolument la même. Nos femmes n'ont que le stoïsme de moins.

III

Si à Athènes les naissances étaient dues, quelquefois, au bâton mystérieux conservé au temple de Junon, il arrivait souvent que les mariages se faisaient aussi par un moyen tout aussi singulier.

On sait que chez ce peuple — qui n'avait rien tant à cœur que l'agrandissement de la république — le célibat était en grand mépris. Or, suivant l'usage, — usage que les femmes d'aujourd'hui ne craindraient pas de suivre, — quand un célibataire passait dans la rue, les femmes avaient le droit — et elles en usaient avec enthousiasme — de lui courir sus à coups de bâton.

Par patriotisme... ou par la peur de la bastonnade, tout le monde finissait par se marier.

Si cet antique usage revenait, nos filles, qui coiffent sainte Catherine, ne failliraient pas à leurs devoirs : — volontiers elles emploieraient ce moyen antiplatonique pour se procurer un époux.

IV

Au rapport des voyageurs, dans certaines provinces de la Chine, les bâtons prolifiques sont en grande vénération, et les bonzes, qui en sont les dépositaires, en tirent maints honneurs et profits.

Ces imposteurs prétendent que dans certains bâtons, conservés dans leurs pagodes, résident les génies qui président aux accouchements.

Il y a les bons et les mauvais accouchements.

Les bonzes appellent bon accouchement la naissance d'un garçon ; mauvais accouchement, la naissance d'une fille.

Or, quand une femme veut attirer sur elle l'influence prolifique du bâton, elle a recours au bonze, qui, moyennant finance, — ou même à titre gratuit si la pénitente est jolie ! — s'empresse d'officier en son intention.

Voici comment cette cérémonie se pratique :

La femme se présente à la pagode, affublée de ses plus beaux atours, on pourrait dire en costume de noce ; le bonze la prend gravement par la main et la conduit majestueusement jusqu'aux marches de l'autel, où fument déjà des grains d'encens.

Aussitôt arrivée, une troupe de musiciens fait retentir l'enceinte sacrée du son aigre d'instruments discordants.

Au milieu de l'autel se dresse une statue massive, aux larges mamelles, aux grands yeux ronds et à la figure enluminée de minium.

Au pied de la statue repose un long étui rempli de bâtons...

Il y a les bâtons mâles et les bâtons femelles!

Sur chaque bâton sont inscrites des sentences avec d'inintelligibles caractères.

Et tandis que le bonze marmotte des paroles non moins inintelligibles, la femme tire au hasard un bâton de l'étui et le remet à l'officiant, qui explique aussitôt le sens de l'oracle, c'est-à-dire la sentence inscrite sur le bâton.

L'oracle promet presque toujours un bon accouchement, ce qui fait que les femmes vont très-souvent le consulter.

Quand la prédiction manque de s'accomplir, le bonze n'en est pas responsable; son art, pour cela, n'est point trouvé en défaut : c'est qu'un mauvais génie, qui se trouvait dans les entrailles de la femme au moment où il rendait son oracle, avait détruit le charme de ses bâtons.

Ces bâtons merveilleux ne sont pas aussi sans influence sur la stérilité, mais cette dernière vertu est soumise à la volonté des bonzes, et les cérémonies qu'elle exige ne se pratiquent qu'à huis clos.

C'est ainsi que les prêtres de toutes les religions ont le pouvoir d'accomplir — dans le mystère — bien des choses en apparence surnaturelles, par des moyens qu'il est permis de croire souvent très-naturels.

CHAPITRE V

LE BATON CHEZ LES SAUVAGES

Crédulité des sauvages. — Ils adressent leurs prières au bâton qui les gouverne. — Le bâton de l'arbre qui ne croît que dans le ciel. — Le bâton
des chefs indiens. — Les chefs religieux arikis. — Le makoutou. —
Le bâton des sauvages de l'extrême nord de l'Amérique. — Le Chitombe. —
Origine céleste de son bâton royal. — Le Grand Pontife. — Le Gnombo.
— Comment on empêche un roi de jamais mourir. — Comment on
devient Chitombe. — Étrange manière d'élire un roi, recommandée aux
peuples civilisés. — Le sacre par le bâton. — Une singulière divinité
des Japonais.

I

Comme les rois civilisés, les chefs sauvages portent en
général un bâton de commandement. La seule différence,
c'est que, ces derniers ne faisant pas la guerre par procuration, — ainsi que la font nos monarques, — cet insigne de leur dignité n'est rien moins qu'emblématique,
et que le plus vénéré des bâtons est toujours celui qui
assomme le plus d'ennemis.

Absolument comme dans les temps héroïques.

On le sait, les sauvages ont généralement l'esprit
faible ; l'ignorance les rend crédules ; aussi les plus gros-
sières superstitions, les préjugés les plus abrutissants

sont pour eux des croyances que nul raisonnement ne saurait détruire. Les ignorants des pays civilisés leur sont en ceci comparables.

Les chefs ont tout intérêt à entretenir ces superstitions : c'est par elles qu'ils dominent. Ils laissent croire, par exemple, que leur bâton est fait de la branche d'un arbre qui ne croît que dans le ciel, ou que c'est Dieu lui-même qui le leur a donné. Aussi n'est-il pas rare de voir des sauvages supplier le bâton du chef de ne point leur faire de mal, ou de les guérir d'une maladie, ou de les préserver de l'Esprit mauvais, soit que le bâton auquel ils adressent leur prière appartienne à un roi, à un prêtre ou à un magicien : car, au milieu des peuples barbares, comme dans les nations policées, ce sont là les puissances qui se sont toujours coalisées pour perpétuer l'ignorance, entretenir les superstitions et régner par le despotisme... dont le bâton — sceptre ou baguette, sabre ou épée — est la plus vraie... la plus énergique représentation.

II

Cette influence du bâton est telle, que les compagnies qui ont des comptoirs ou des forts de traite sur tous les points du littoral fréquentés par les sauvages, en donnent un, comme marque distinctive, aux chefs qui se rangent sous leur obéissance. Bougainville, dans son voyage autour du monde, en a vu aux chefs indiens soumis à la Compagnie hollandaise : ces bâtons étaient surmontés d'une pomme. Ils ont habituellement quatre ou cinq pieds de long ; beaucoup sont peints en rouge.

Dans la Nouvelle-Zélande, les chefs religieux (arikis) en ont un terminé en crosse et qui passe pour être *makoutou*, c'est-à-dire enchanté.

III

Le *makoutou* est une source continuelle de craintes pour ces misérables insulaires ; ils lui attribuent les maladies, et croient qu'il a le pouvoir de les empêcher de mourir. — L'arikis n'a que quelques mots à prononcer, certains gestes ou grimaces à faire pour que ses enchantements s'opèrent, en bien ou en mal, suivant la volonté du chef.

« Ton *makoutou* est absurde, disait un missionnaire à un sauvage, j'en ai bravé mille fois les effets... Vois s'il m'est arrivé malheur?

— C'est que, répondit l'insulaire, toi, tu es aussi arikis, tu as un Dieu qui te protége aussi puissant que les dieux de ce pays.

— Mais ne t'ai-je pas dit que mon Dieu est aussi le tien... et que les dieux que ton arikis te prêche n'existent pas...

— Mon arikis, qui est plus savant que toi, m'a dit tout le contraire, et je sais bien que, si je ne lui étais pas soumis, les dieux de mon pays tourneraient leur courroux contre moi et les miens. »

Comme de quelque côté que l'on regarde, dans les nombreuses contrées encore sauvages, on trouve un gouvernement plus ou moins féodal, où une multitude de petits tyrans exercent un pouvoir absolu, chaque chef se confectionne un bâton à sa manière, suivant qu'il veut frapper l'imagination ou l'échine de ses sujets.

« Ce qui prouve, écrit un voyageur, que les gouvernements despotiques sont ceux qui se rapprochent le plus des gouvernements barbares. »

<h2 style="text-align:center">IV</h2>

Les voyageurs, dans leurs récits, parlent fréquemment du bâton chez les sauvages. Dans l'extrême nord de l'Amérique, les chefs civils en portent un dont la seule ornementation est un os de caribou.

Les jongleurs ou magiciens, ou hommes de médecine, qui ont un empire absolu sur les chefs même, exploitent la peur de la mort, l'ambition d'une bonne chasse, ou promettent la victoire, par toutes sortes de jongleries et de divinations, au moyen d'un bâton frotté d'une herbe qu'eux seuls connaissent.

Chez les sauvages de la Louisiane, quand un chef guerrier meurt, celui qui est élu pour le remplacer prononce son éloge funèbre, tenant en main le bâton du défunt. Dès qu'il a fini, les assistants se présentent tout nus devant lui, et il leur applique à chacun trois maîtres coups en disant : « Souvenez-vous que pour être bon guerrier comme le défunt, il faut savoir souffrir. »

V

Dans certaine contrée du Congo, les nègres ont pour chef civil et religieux un Grand-Pontife appelé le Chitombe.

Le Chitombe a pour marque de sa dignité un énorme bâton, qu'il ne porte que dans les grandes cérémonies. Quand les nègres vont à la guerre, ils sont admis à le toucher et deviennent, dès lors, invincibles.

Ce bâton est héréditaire ; son origine est céleste ; il a été donné par Dieu lui-même, dès le commencement du monde, au premier des Chitombes. On pourrait dire qu'il est le symbole des gouvernements dynastiques et de droit divin.

« Prends ce bâton et sois Grand-Pontife, dit le bon Dieu au premier des Chitombes.

— Et que ferai-je de ce bâton ?.. répondit au bon Dieu le premier des Chitombes...

— Dès que tu seras malade, ou en danger de mort, tu le remettras au Ngombo, qui sera ton Grand-Prophète...

— Et qu'en fera le Grand-Prophète?...

— Il t'assommera de suite, pour *t'empêcher de mourir*, et deviendra Grand-Pontife à ta place. »

Ces peuples croient que si leur Chitombe mourait de mort naturelle, le ciel et la terre périraient.

Pour éviter ce malheur, et suivant l'ordre de Dieu, dès qu'on suppose le Grand-Pontife en danger de mort, le Grand-Prophète l'assomme au moyen du bâton héréditaire, destiné à cet usage, et devient Chitombe à son tour !

Le nouveau Chitombe se nomme à l'instant un Ngombo, qui l'assommera de même à la première occasion, et ainsi de suite.

Si ce mode d'hérédité se généralisait, les sceptres seraient peut-être moins enviés.

VI

Une autre manière non moins étrange d'élire les rois, et qui serait aussi de nature à refroidir singulièrement les prétendants à la royauté si elle se généralisait :

Celle-ci se patique dans certaines tribus des Indes.

Il faut d'abord que la nation entière assure que le candidat au pouvoir souverain a fait ses preuves de valeur à la guerre, qu'il est adroit au maniement du bâton ou à tirer de l'arc, et que, de plus, il sait braver la douleur.

Pour s'assurer de cette dernière condition, le futur monarque est conduit tout nu dans la plaine, où les notables Indiens lui distribuent chacun autant de coups de bâton qu'il peut en donner, sans qu'il soit permis au royal récipiendaire de pousser un seul soupir.

S'il laisse échapper une seule plainte, il est déclaré indigne d'être jamais le chef de la nation.

C'est ce qu'on pourrait appeler le sacre par le bâton.

VII

Les Japonais, on le sait, sont naturellement superstitieux : ce qu'on sait moins, c'est leur dévotion particulière pour le dieu *Kaca*. Cette divinité, d'un nom un peu commun, a son temple sur le haut d'une montagne, où les fervents vont chaque année en pèlerinage, accompagnés par les bonzes qui se disent ses disciples.

Ces disciples de Kaca sont munis de solides bâtons destinés à fustiger les pèlerins ; plus ceux-ci auront reçu de coups en route, plus le dieu leur sera favorable.

Ceux qui expirent sous la bastonnade sont sûrs d'aller au ciel.

C'est ce qu'on pourrait appeler la sanctification par le bâton.

VIII

En ceci les disciples du dieu Kaca ne sont pas plus superstitieux que nous l'avons été nous-mêmes autrefois, hélas! et que nous le sommes encore un peu aujourd'hui. — A la deuxième partie de cette histoire, nous verrons, dans toute l'Europe catholique, la même superstition inspirer le même fanatisme! Nous verrons la fustigation cléricale donnée et acceptée, non-seulement comme moyen de salut, mais encore devenir obligatoire dans certaines pratiques de la religion.

IX

Et c'est ainsi que chez les peuples civilisés, comme chez les sauvages, les chefs religieux et les chefs politiques se servent également du bâton pour entretenir parmi les peuples le fanatisme qui fait l'esclave et la superstition qui engendre le fanatisme.

X

Disons encore que le monde étant dominé par la force matérielle autant que par la force morale, l'homme semble fatalement condamné à subir le joug de l'Autorité despotique, dont le bâton est la saisissante image. Mais comme aujourd'hui, grâce à la philosophie, avant de se prosterner devant la force, l'homme se demande si la nature a donné à un seul le droit de commander à tous, et que le bon sens lui répond Non !!! il s'ensuit que le peuple ne se soumet plus volontairement à l'autorité despotique, et qu'il est toujours prêt à secouer le joug imposé par la force.

DEUXIÈME PARTIE

LIVRE QUATRIÈME

US & COUTUMES DU BATON.

~~~~~

CHAPITRE PREMIER

LE BATON CHEZ LES ANCIENS

Le bâton, sceptre des rois légitimes du foyer. — Les vieillards d'Argos. — La majesté du bâton. — Le bâton chez les Athéniens. — Comment on invoquait Dieu chez les païens. — Le bâton chez les Israélites. — Thamar et Juda. — Les fiançailles par le bâton. — Le bâton chez les Romains. — Les licteurs. — Les prêtres féciaux. — La guerre et la paix, la servitude et la liberté... par le bâton.

I

Au point de vue pittoresque et dans sa définition purement technique, le bâton, proprement dit, est un morceau de bois mince, non flexible, de la longueur d'un mètre environ, qui sert à se soutenir en marchant.

Eh bien! ce simple morceau de bois, sur lequel nous ne portons qu'un regard distrait, auquel nous n'attachons de l'importance qu'en raison des services qu'il peut nous rendre, et que, le plus souvent, nous reléguons dans un coin avec indifférence; ce bâton, si peu orné.qu'il soit, et même sans aucun ornement, s'impose
~~~~~

plus que tout autre objet aux méditations du philosophe et du penseur. Nous l'avons vu sous des formes et des dénominations diverses, sur le trône et sur l'autel, dans la vie publique et dans la vie privée ; nous allons le voir encore, sous d'autres formes et d'autres dénominations, continuer à exercer son influence souveraine dans toutes les classes de la société.

Nous étudierons, l'histoire à la main, ses faits et gestes dans le passé, ses usages, ses coutumes, ses lois, les fonctions qu'il a remplies chez tous les peuples, à toutes les époques ; et, dans l'ordre moral comme dans l'ordre physique, nous verrons qu'il n'a jamais cessé d'être la représentation de l'Autorité, en même temps qu'un objet de nécessité et un signe de distinction.

II

Autrefois, le bâton était non-seulement un signe de distinction chez les plus simples particuliers comme chez les grands, mais encore, dans diverses nations, on était obligé de le porter.

Chez les Babyloniens, par exemple, nul ne pouvait sortir sans un bâton à la main. C'était la marque distinctive des principaux dignitaires. — Les pères de famille devaient en porter un d'une forme et avec des emblèmes particuliers en rapport avec leur position. C'était le sceptre de ces rois légitimes du foyer. Il n'était permis à personne de sortir avec un bâton simple et nu. Chacun devait donner au sien une marque apparente.

Chez presque tous les peuples de l'Arabie, le bâton, tout aussi obligatoire, représentait non-seulement la famille, mais aussi la tribu.

Aujourd'hui encore, la plupart des familles ou tribus nomades qui traversent l'Europe, et auxquelles nous donnons la qualification générique de bohémiens, portent tous un long bâton à pomme.

III

Les Grecs portaient le bâton recourbé en forme de crosse. M. Leconte de l'Isle, dans ses *Erinnyes*, montre les vieillards d'Argos appuyés sur leurs bâtons recourbés, pleurant le sort des chefs illustres et des soldats tombés sous les murs d'Ilion.

Ce bâton, le plus majestueux de tous, ajoutait à la gravité naturelle des vieillards. .

IV

A Athènes, quand on entreprenait un long voyage, on assemblait tous les membres de sa famille et tous ses amis en un repas, et l'on faisait des libations de vin au bâton du voyage.

Faire des libations, c'était la manière d'invoquer Dieu chez les païens.

Le bâton était donné quelquefois comme une lettre de recommandation ; il portait alors incrusté le cachet de celui qui l'avait remis. Prêter son bâton à quelqu'un, c'était lui donner la plus grande preuve d'estime et d'amitié.

Chez les Israélites, le bâton servait souvent de gage à une promesse.

« Que me donnerez-vous, dit Thamar à Juda, pour ce que vous me demandez ?

— Je vous enverrai un chevreau de mon troupeau, » répond Juda.

Mais Thamar, n'ayant sans doute pas grande confiance à cette promesse, voulut tenir un gage avant d'accorder ses faveurs à Juda.

« Donnez-moi donc un gage, lui dit-elle, en attendant que vous m'envoyiez ce que vous me promettez.

— Que demandez-vous pour gage ?..

— Donnez-moi votre anneau, votre bracelet et le bâton que vous tenez à la main. »

(Pour la suite de l'aventure, voir le trente-huitième chapitre de la Genèse.)

V

Le bâton servait aussi comme promesse de mariage ; en ce cas, on le coupait en deux. Le jeune homme et la jeune fille en prenaient chacun une moitié, qu'ils gardaient précieusement jusqu'au jour de leur hymen.

Le jour du mariage venu, les deux fiancés présentaient au prêtre les deux moitiés du bâton, qui, par lui réunies, étaient le symbole de l'union promise entre les deux époux.

C'est ce qu'on pouvait appeler les fiançailles par le bâton.

VI

Chez les Romains, où le bâton entrait dans presque toutes les cérémonies de la religion, où il présidait aux actes les plus importants de la politique, il était, en même temps que l'emblème de certaines charges civiles et militaires, le représentant de la Justice. Il y avait même le jugement de *la pique*, celui que rendaient les centumvirs *hastam cogere*.

Entre les mains des licteurs, comme en celles des centurions, il représentait non-seulement la Justice, mais aussi le Châtiment.

Les licteurs avaient pour mission de précéder les consuls et les sénateurs. Quand ces magistrats sortaient, gare à ceux qui oubliaient de se prosterner sur leur passage, ou qui n'ouvraient pas prestement leurs maisons quand ils voulaient y entrer. Les licteurs étaient là le bâton levé.

C'est à eux que la police des rues et du forum était confiée. Le peuple les craignait et les détestait particulièrement, car ils faisaient en même temps fonctions d'huissier et de bourreau, et l'emblème de leurs charges était trop volontiers un instrument de répression. La plus noble de leurs fontions était de précéder le char des triomphateurs.

On peut dire aussi que les bâtons en faisceaux des licteurs étaient la représentation de la tyrannie tant royale que républicaine.

VII

Entre les mains des hérauts d'armes (féciaux), le bâton servait à déclarer la guerre, comme à conclure la paix.

C'est en jetant un bâton ensanglanté dans le camp ennemi que les féciaux déclaraient la guerre.

C'est en se présentant sur le champ de bataille avec un bâton en forme de caducée qu'ils proclamaient la paix.

Les choses les plus opposées avaient le bâton pour symbole. Instrument de servitude aujourd'hui, il devenait le lendemain un signe de liberté. Un coup de bâton frappé sur l'esclave était la marque de son affranchissement, et c'est par le bâton qu'on le tenait sous le joug.

VIII

Le bâton n'était pas même étranger aux mariages. Quand une fille se mariait, il était d'usage de séparer ses cheveux en deux avec la pointe d'une pique et de lui offrir un bâton. Suivant Plutarque, cette pique représentait les javelots dont s'étaient armés les Romains pour l'enlèvement des Sabines; suivant d'autres auteurs, elle se rapportait à Junon, à laquelle la lance était consacrée. L'opinion la plus accréditée est que le *bâton*, lance, pique ou javelot, était un symbole de courage. On coiffait avec une pique la nouvelle mariée, pour signifier qu'elle enfanterait des hommes courageux, et on lui offrait un bâton pour exprimer qu'elle serait l'appui de son mari, et qu'elle le suivrait partout, même dans les dangers.

IX

Les Romains sont avec les Chinois le peuple qui a accordé le plus de pouvoir et entouré de plus de prestige ce svelte morceau de bois, qu'on pourrait appeler le grand justicier des nations, et qui, depuis les temps les plus reculés, sous toutes sortes de noms et de formes, joue des rôles si divers sur la grande scène du monde.

CHAPITRE II

LE BATON CHEZ LES MODERNES

La signature du bâton. — Le bâton, emblème de propriété. — La saisie-arrêt par le bâton. — Le divorce. — Pourquoi Louis VII ne put pas entrer dans l'église de Notre-Dame, et quel gage il donna aux chanoines de Créteil. — L'héritage par le bâton. — Le bâton de mon père. — Morale.

I

Comme nous avons beaucoup copié des Romains, le bâton devait nécessairement entrer dans la plupart de nos usages ; aussi le voyons-nous figurer avantageusement dans nos vieilles coutumes. La crainte que les seigneurs de la féodalité en inspiraient le rendait infiniment propre à réveiller dans l'esprit du peuple, avec l'idée du châtiment attaché à l'inobservance de ses lois, le respect de tout acte où il servait de sanction.

Ainsi que nous l'avons vu dans la première partie de cette histoire, les lois du bâton étaient sans appel ; les contrats dans lesquels il avait été accepté pour témoin ne pouvaient plus se dénier : « Onc n'entendit dire qu'ils n'aient jamais donné lieu à fausse interprétation. »

Le bâton servait souvent de preuve testimoniale d'un accord. Pour cela, il suffisait aux deux contractants de faire une marque quelconque, au moyen d'un couteau, chacun sur le bâton de l'autre.

En ce temps, où l'on ne savait guère écrire que dans les cloîtres, cette sorte de signature était fort usitée, et nous pourrions dire aussi : « Onc n'entendit dire qu'elle n'ait jamais été protestée. »

II

Le bâton fut aussi très-longtemps chez nous un signe de possession et de propriété. Quand on remettait la jouissance d'une terre ou de toute autre propriété, on mettait son bâton entre les mains de l'acquéreur, et tout était dit (1).

Cet usage se pratique encore, ou à peu près, dans beaucoup de provinces, pour la vente d'un troupeau sur le champ de foire : la conclusion du marché est certifiée par la remise du bâton de celui qui vend à celui qui achète.

______

(1) Nous avons vu déjà que, pour mettre les chefs francs en possession du pouvoir souverain, on leur mettait en main un bâton ayant au bout deux crocs recourbés. Ce bâton, dès lors, devenait leur sceptre.

Le bâton mis sur un bien en empêchait la vente (1). Mais tous les propriétaires n'étaient pas soumis à voir ainsi leur héritage hypothéqué. Il y en avait «desquels on ne pouvait ni ne devait mettre sergent, ni otage, ni baston seigneurial sur leurs biens. » C'étaient les nobles!

De même que pour prendre possession d'un bien on se servait du bâton, de même on s'en servait pour s'en dessaisir devant le seigneur féodal : cette sorte de contrat s'appelait : *main au bâton.*

III

Si, chez les anciens, les fiançailles se faisaient par le bâton, chez nous, sous les première et seconde races, c'est par le bâton que les mariages pouvaient se rompre. Il suffisait pour cela de se présenter devant le juge en audience publique et, sans autre forme de procès ni explications, de rompre l'un après l'autre quatre bâtons d'aune et d'en jeter les morceaux au pied du tribunal.

Le mari, en brisant ainsi l'emblème de son pouvoir matrimonial, rendait la liberté à son épouse.

C'était le divorce par le bâton.

(1) Chez les Romains, les ventes à l'encan se faisaient par le bâton. *Hastæ subjicere* était la formule admise pour signifier la vente publique des biens. Ces ventes avaient lieu sur les places, et le crieur plantait devant lui un bâton comme symbole.

IV

Le bâton était aussi donné et accepté comme gage d'honneur.

L'histoire en offre plusieurs exemples ; en voici un entre autres :

Louis VII, ce roi dévot, quoique étourdi, avait pour habitude d'aller tous les jours, quelque temps qu'il fît, entendre la messe à Notre-Dame.

Or, un jour, il trouva la porte fermée.

« Eh! eh! cria le roi par le trou de la serrure, il n'y a donc personne ici aujourd'hui ?..

— Il y a moi... le bedeau..., répondit une voix dans l'église.

— Pour quelle raison la porte est close ?

— Sire, c'est par l'ordre des seigneurs chanoines.

— Mais pour quelle raison les seigneurs chanoines ont donné cet ordre ? »

Une voix, qui n'était plus celle du bedeau, clama la réponse suivante :

« Sire, contre toutes les coutumes et les libertés de Notre-Dame, vous avez soupé hier à Créteil, non à vos frais, mais aux frais des hommes de corps de cette sainte église ; c'est pour cela que l'office n'a plus lieu ici et que la porte est fermée ; les chanoines sont résolus de plutôt souffrir toutes sortes de tourments que de laisser enfreindre leurs priviléges.

— Ce qui est arrivé n'a pas été fait à dessein prémédité, répondit Louis VII, toujours par le trou de la serrure, c'est par étourderie. C'est sans force ni contrainte que les habitants de Créteil ont fait de la dépense pour moi... J'en suis fâché, ajouta le pauvre roi d'un ton de contrition... Que l'évêque Thibaud, le doyen Clément, les chanoines, surtout celui qui est prévôt de Créteil, viennent ici. Si je suis en tort, je veux donner satisfaction. »

On ne pouvait mieux dire.

Le roi resta donc en prière devant la porte de l'église, en attendant les chanoines, l'évêque Thibaud et le doyen Clément, qu'on était allé quérir. Ces hauts personnages arrivés, le monarque leur donna des explications, à la suite desquelles la porte fut ouverte, et l'office eut lieu.

L'office fini, on jugea l'affaire. Louis VII fut condamné à payer une indemnité, « attendu qu'il n'avait pas le droit d'hébergement chez les chanoines de Créteil, et que ceux-ci, étant propriétaires des habitants, ce que ces pauvres gens avaient pu lui donner était une atteinte grave aux priviléges de l'église. »

Le monarque trouva juste de payer l'indemnité ; — comme il n'avait pas d'argent sur lui, il donna pour caution la personne même de l'évêque.

Cette caution n'aurait peut-être pas suffi aux chanoines ; mais Louis VII, « pour marquer par un acte extérieur qu'il voulait sincèrement rendre au chapitre la dépense qu'il avait causée chez les hommes de corps de Créteil, déposa sur l'autel le bâton qu'il tenait à la main.

V

Certaines coutumes du bâton dont il serait difficile de bien saisir l'esprit, celle-ci par exemple :

Quand, pour se libérer d'une dette ou d'une amende qu'il ne pouvait payer, le débiteur voulait obliger son plus proche parent de s'acquitter pour lui, il n'avait qu'à lui jeter une poignée de terre et de sauter par-dessus une haie en tenant un bâton à la main.

En ce bon vieux temps, comme on se plaît à dire encore, — sans doute par antiphrase, — les nobles, pour payer leurs créanciers, avaient une coutume plus compréhensible : ils les payaient à coups d'un bâton, qu'ils appelaient chasse-coquins.

Aujourd'hui beaucoup de nobles payeraient volontiers leurs dettes à coups de cravache!!!... Mais nous ne sommes plus en ce bon vieux temps.

VI

Si, comme nous l'avons vu déjà, l'investiture de l'autorité royale et épiscopale se faisait par le sceptre et la crosse, le roi conférait les fiefs et les bénéfices par l'anneau et le bâton.

L'anneau marquait la fidélité et la constance. Le bâton représentait l'autorité du seigneur et la soumission du vassal.

Cette double représentation du bâton est ce qui en fait l'originalité. Il était donné aux grands comme marque de noblesse et de commandement; il était pour le peuple un signe de roture et d'obéissance.

Dans les ordres de chevalerie, quand on recevait un novice, on lui appliquait un léger coup de bâton sur l'épaule; c'était à son baptême. Une fois chevalier, il ne pouvait plus se servir de cette arme que dans les joutes des tournois... ou contre le manant qui aurait oublié de se découvrir sur son passage.

VII

Le bâton fut longtemps porté par les gens de cour, de robe et d'épée, comme arme offensive, ce dont le menu peuple n'avait pas toujours à se louer, car

C'est sur son humble dos que s'exerçaient ses coups.

L'usage ou plutût l'abus du bâton était devenu si grand, que Charlemagne mande à ses officiers « que aucuns, de quelque qualité qu'ils puissent être, n'eussent à porter telle arme ni baston : ainsi dussent les quitter incontinent, à peine d'estre exemplairement chastiez et punis. »

Entre toutes les ordonnances qui font la gloire de Charlemagne, celle-ci n'était pas la moins sage.

Les monarques font si rarement des lois en faveur de l'humanité, que, lorsqu'on en rencontre une, par hasard, on se sent heureux de l'enregistrer.

VIII

Le bâton était aussi laissé en héritage. Le père le léguait au plus méritant de sa famille. Hériter du bâton de son père était la faveur la plus honorable et la plus enviée.

Je comprends cette coutume et je l'admire !

Quel est celui qui ne considère pas avec émotion le bâton de son vieux père et qui ne le conserve pas comme un pieux souvenir ?

Ce bâton, c'est LUI... Je vois sous les grands arbres de ma demeure sa noble tête couronnée de cheveux blancs.... J'entends sa voix m'appeler pour lui donner

le bras, moi, son autre bâton de vieillesse... Et je m'é-
lance pour partager aussi le bonheur de lui servir de
soutien...

Tendre et pieux souvenir!

Tandis que la main gauche du vieillard s'appuyait sur
mon épaule, sa main droite s'appuyait sur toi, ô bâton
qui me rappelles ces heures de promenade où, semblable au péripatéticien antique, mon vieux père me
donnait ces leçons de sagesse qui sont restées la règle
de ma vie.

Oui! ce bâton, c'est LUI!.. Il me dit:

« Souviens-toi que je n'ai jamais marché que dans le
droit chemin, et que ce n'est qu'en marchant aussi
toujours dans le droit chemin que tu honoreras ma
mémoire. »

CHAPITRE III

Le voyage à pied et le voyage à bâton. — Janus, Cérès et Triptolème. — Ce qu'il advint à un roi pour avoir demandé beaucoup d'or à Bacchus. — Le repentir de Caton. — Paroles du Tasse et de Socrate.

I

J.-J. Rousseau — le dernier des philosophes portant bâton — disait que la seule manière de voyager était d'aller à pied. Or, aujourd'hui, on ne voyage plus !!... Car je n'appelle pas voyager se faire transporter d'un point à un autre, enfermé dans un wagon de chemin de fer ou dans un compartiment de diligence.

Que d'hommes ont beaucoup parcouru le monde et qui meurent, hélas ! sans avoir jamais rien vu des beautés de la terre. Ils ont vécu dans les cités populeuses, ils ont admiré les monuments élevés par la main des hommes, ils se sont promenés dans des jardins magnifiques, où semblent réunies toutes les merveilles de la création, et

ils ne se doutent même pas du charme qu'on éprouve à
suivre la grande route, son bâton à la main, le regard
plongé dans les grands horizons. Ils ignorent et les sentiers silencieux bordés de genêts, et les forêts ombreuses
peuplées d'oiseaux, et les vallons, et les montagnes. —
Ils ont vu les fontaines jaillissantes au milieu des squares,
les bassins et les jets d'eau dans les parcs, les grandes
mers et les grands fleuves,.... et ils ne se doutent pas
combien les petits ruisseaux qu'on longe sur son chemin, les cascades qui descendent des rochers, ont d'harmonie et de fraîcheur.

Tout homme devrait — au moins une fois dans le
cours de sa vie — faire un voyage de quelques mois à
bâton. Ce serait la meilleure hygiène du corps et surtout de l'esprit.

II

Donc, depuis qu'on ne voyage plus, le bâton, étant
moins souvent un objet de nécessité, a bien perdu de
son antique prestige : c'est ce qui fait qu'oublieux de ses
gloires passées, nous le regardons parfois avec indifférence. Les anciens, qui n'allaient presque jamais qu'à
pied, c'est-à-dire qui voyageaient, avaient pour leur bâton une quasi-vénération, ils le considéraient comme un
présent des dieux immortels.

La plupart des dieux n'avaient-ils pas parcouru la terre

le bâton à la main ? Janus, qui présidait aux chemins, porte, naturellement, un bâton comme attribut. Cérès est fréquemment représentée avec cet emblème de ses voyages autour du monde, alors que la déesse pacifique des moissons parcourait la terre, en compagnie de Triptolème, pour enseigner aux hommes l'art de l'agriculture.

Silène, qui accompagnait Bacchus dans ses voyages, est également représenté avec cet attribut.

L'histoire rapporte qu'en retournant des Indes, ces deux joyeux compagnons furent si bien accueillis par un prince dont ils traversaient les États, que Bacchus lui promit d'exaucer le vœu qu'il formerait.

Le prince réfléchit un moment... et, comme il n'était pas plus sensé que le commun des mortels :

« Je demande, dit-il, que tout ce que je toucherai se convertisse en or. »

Bacchus le plaignit, mais lui accorda sa demande.

Bientôt ce prince posséda autant d'or qu'il pouvait en désirer.

Un jour, voulant régaler les principaux personnages de sa cour, il commanda un grand festin. L'argent ne lui coûtant rien, le festin devait être magnifique.

A l'heure du dîner, tout joyeux, il se met à table, entouré de ses courtisans émerveillés. Mais quelle ne fut point sa douleur !... Tandis que ses heureux convives savourent à l'envi les mets les plus délicats et les vins les plus généreux, lui, touche un morceau de pain, et le pain se change en or ; il prend une perdrix, c'est une perdrix d'or ; il veut boire du vin, et le vin, en touchant ses lèvres, se change en or liquide. — Désespéré, il quitte la table... il veut fuir ces lieux témoins de sa honte... il saisit son bâton, mais sa main ne peut le soulever... c'est maintenant une lourde barre d'or.

Le malheureux, au milieu de ses richesses, comprenant alors l'excès de sa misère, implore la clémence de Bacchus et lui demande pardon d'avoir souhaité la fortune.

« Je te pardonne, lui répond le fils de Silène, mais rappelle-toi que l'or est le don le plus funeste que les dieux puissent faire aux hommes. »

III

Caton disait se repentir de trois choses : d'avoir passé un seul jour sans rien apprendre, d'avoir confié son secret à une femme, et de s'être embarqué quand il pouvait aller à pied, — ne regardant comme instructif que le voyage à bâton.

> Voyager à bâton, quel plaisir on y goûte !
> Toujours nouveaux objets s'offrent sur votre route ;
> Chaque pas vous présente un spectacle inconnu :
> On ne revoit jamais ce qu'on a déjà vu.
> . . . .
> . . . .
> Ajoutons qu'on ne peut s'ennuyer nulle part,
> Un lieu vous plaît, on reste ; il vous déplaît, on part.

IV

La vérité est que nous allons trop vite... que nous sommes toujours trop pressés d'arriver. C'est ce qui fait peut-être que le voyage de la vie est si court. « Il vaut mieux se hâter au départ que sur son chemin, » a dit un sage. « Voyager en observant vaut mieux qu'étudier en lisant, » a dit un autre. Le Tasse, sur le point de finir sa *Jérusalem délivrée*, disait qu'il avait besoin de faire quelques voyages à pied pour prendre de nouvelles idées.

Lorsqu'on présenta à Socrate la coupe empoisonnée, il tourna ses regards vers le ciel et dit :

« O dieux qui m'appelez ! accordez-moi un heureux voyage ! »

Socrate me fait songer au bâton des philosophes.

CHAPITRE IV

Pourquoi les philosophes sont-ils représentés avec une besace et un long bâton ? — Pourquoi cette besace ? — Pourquoi les philosophes furent-ils toujours persécutés ? — Qu'est-ce que l'exil ? — Les citoyens du monde. — Une pensée de Montaigne. — A quoi sert la philosophie ? — Diogène et Platon. — Maximes de Zénon. — Ce qu'en dit Montesquieu. — Paroles des sages. — Un conseil de Pittacus à ceux qui veulent se marier. — Ce qui distingue certains philosophes modernes de ceux d'autrefois.

I

Les philosophes de l'antiquité sont toujours représentés avec une besace et un long bâton.

Pourquoi cette besace ?... Serait-ce à dire que la recherche de la sagesse ne servait qu'à rendre misérable ; ou bien cette besace indiquait-elle que la véritable philosophie consiste dans le dédain de la fortune !

Les deux hypothèses sont également admissibles. Ces hommes, qui faisaient profession de sagesse et de vertu, ne pouvaient être que pauvres ; le jour où quelques-uns devenaient riches, ils cessaient d'être philosophes.

Mais ceux qui faisaient seuls et volontairement ce que le reste des hommes ne faisait que par contrainte pouvaient-ils être pauvres? Non, puisque telle était leur volonté et qu'ils savaient se passer des biens de la terre.

Bias, en voyant les immenses trésors de Crésus, disait : « Que de choses dont je n'ai pas besoin ! »

N'importe, cette besace me fait rêver!.. Et quand je songe que le philosophe Bordas-Demoulin est mort pauvre, dans une misérable mansarde, je suis presque tenté de croire à la légende d'Homère mendiant.

II

Pourquoi ce bâton aux mains des philosophes?... — C'est que, disant trop librement la vérité aux grands, ils se tenaient toujours prêts à aller en exil.

Malheur encore, aujourd'hui... et toujours... à qui ne se fait pas le complaisant, l'applaudisseur des vices, et qui n'accepte pas les mensonges de son siècle : celui-là sera accusé, condamné par ceux qui ont en haine la vérité et la vertu.

Tel fut le sort des philosophes de l'ancienne Grèce. Aussitôt qu'ils émettaient une opinion contraire aux idées reçues, aussitôt qu'ils parlaient contre les mauvaises lois... ou les mauvaises mœurs... la colère des grands se déchaînait et l'exil était leur partage.

C'est dans l'exil que la plupart ont écrit leurs œuvres

immortelles : ils avaient donc bien raison d'avoir toujours un bâton à la main, comme des voyageurs toujours
sur le point de se mettre en route !

Bien peu ont pu échapper à cette éternelle persécution
de la philosophie, à cet ostracisme qui sans cesse les
menaçaient.

III

Mais qu'est-ce que l'exil ?... « Puis-je croire que l'étroit
espace où je me trouve est ma seule patrie ? » disait
Anaxagore, le maître de Périclès...

Que m'importe, dirai-je moi-même, en quel lieu de la
terre je serai contraint de diriger mes pas ?... Qu'importe au bâton, une fois détaché de l'arbre, par quelle
main il sera porté ?... L'homme est un instrument entre
les mains de Dieu, comme le bâton est un instrument
entre les mains de l'homme.

« La nature n'a donné à personne une patrie particulière, » disait Ariston. « L'homme n'est pas une plante
terrestre, » disait Platon.

Socrate avait bien plus raison encore de dire qu'il
n'était ni Athénien ni Grec, mais citoyen du monde.

IV

Le bâton des philosophes était fort long, et comme ils se promenaient continuellement, Plutarque les appelle des promeneurs éternels. — Ce long bâton ajoutait encore à leur gravité naturelle.

Et puis n'étaient-ils pas des *maîtres*, et comme tels n'avaient-ils pas droit à l'insigne du commandement.

Il y avait une classe de philosophes portant bâton et besace, et que par ironie on appelait *Bactropérates*. Cette épithète de mépris ne s'appliquait point aux disciples de Socrate, mais à une foule de cyniques orgueilleux qui se croyaient philosophes parce qu'ils en portaient les insignes.

Les véritables cyniques, ceux de l'école d'Antisthène, disciple de Socrate, semblent n'avoir porté le bâton que pour fustiger le vice, auquel ils déclaraient la guerre, sans distinction de personne : aussi furent-ils les plus persécutés. Montaigne a écrit : « La raison humaine est « un glaive double et dangereux, et en la main mesme « de Socrate, son plus intime et familier amy, voyez « combien ce baston a de bouts. »

On demandait à Antisthène :

« A quoi sert ta philosophie?

— A bien vivre avec moi, » répondit-il.

Le fameux Diogène voulut être son disciple, et comme Antisthène le rebutait en le menaçant de son bâton :

« Frappe, lui dit le prosélyte enthousiaste, mais tu ne trouveras point de bâton assez dur pour m'éloigner de toi quand tu parleras. »

V

Diogène exagéra la philosophie d'Antisthène, mais ses maximes ne sont pas moins remarquables. En voici une :

« Aie les bons pour amis, afin qu'ils t'encouragent à « faire le bien, et les méchants pour ennemis, afin qu'ils « t'empêchent de faire le mal. »

« Qu'as-tu à faire de ton bâton?... lui demandait-on un jour qu'il se chauffait au soleil.

— C'est pour chasser les bêtes d'autour de moi,» répondait-il.

Platon accuse Diogène d'orgueil. Beaucoup ne voient en sa philosophie qu'une insulte à l'humanité... Mais ne prouve-t-elle pas aussi l'amour de l'indépendance et le mépris des grandeurs?...

Et quand on voit tant d'hommes que l'amour des grandeurs rend serviles, bas, rampants... on éprouve encore le besoin de prendre le bâton des cyniques.

C'est ce que fit Cratès, disciple de Socrate, qui, indigné de la bassesse des hommes pour parvenir aux honneurs, vendit son riche patrimoine et en jeta l'argent en s'écriant : « Je suis libre!!! »

Hipparchia, sœur d'un orateur athénien, voulut néanmoins l'épouser : elle prit le bâton et la besace pour se rendre digne de ce bonheur.

VI

Athènes était le principal rendez-vous de ces porte-bâton dont les maximes serviront éternellement de règle à la philosophie.

Zénon, un des plus illustres, disait : « Le sage seul est libre, le sage seul est riche, le sage seul est roi! »

Ah! je m'incline devant le bâton de ce sage, devant le sceptre de ce roi... Et quand je me redresse, je ne me sens point humilié... et je suis fier, même de ma soumission.

« En quoi consiste la science ? lui demanda un de ses disciples.

— A ignorer ce qui ne doit pas être su, » répondit-il.

Cette maxime suffirait à l'éloge de Zénon, si les vertus de Caton n'avaient pas donné raison à la philosophie des stoïciens.

« Si je pouvais, dit Montesquieu, oublier que je suis
« chrétien, je ne pourrais m'empêcher de mettre la des-
« truction de la secte de Zénon au nombre des malheurs
« du genre humain. »

VII

Un autre enseignement de Zénon, dont l'oubli a toujours été la cause du malheur des nations :

« Il faut savoir sacrifier son intérêt particulier à l'in-
« térêt général et au salut de l'État. »

C'est à l'oubli de ce précepte que la France doit sa
ruine... je n'ose pas dire son humiliation...

VIII

Écoutons les maximes de ces maîtres qui, leur bâton
à la main, allaient enseigner sous les portiques et dans
les lycées :

THALÈS. — Le sage est toujours assez riche, mais il
est bien rare que le riche soit sage.

SOLON. — Juge de ce que tu vois par ce que tu vois.

PITTACUS. — Il faut de la prudence pour prévenir les malheurs, et du courage pour les supporter.

CLÉOBULE. — La vraie manière de désespérer les méchants, c'est de louer les bons et de leur faire du bien.

PITHAGORE. — Respecte-toi toi-même.

CHILON. — Garde-toi de toi-même.

« Si ces sages maximes avaient pu être suivies, dit Bossuet, le monde n'aurait vu que de grands hommes et point de mauvais citoyens. »

Pittacus de Mitylène, dont nous venons de rapporter une des maximes, rencontra un jour un de ses disciples, qui lui demanda conseil sur le choix d'une femme.

« J'en ai deux en vue, lui dit le jeune homme, l'une égale à moi *en moyen et parentage*, l'autre qui me surpasse en tout cela : laquelle me conseillez-vous d'épouser? »

Pittacus lui montra, avec son bâton, une troupe d'enfants qui jouaient à la toupie.

« Regarde ces enfants, dit-il au jeune homme, et tu comprendras qu'il faut épouser ta pareille. »

Lors :

> Le jeune homme voyant que chacun à sa force
> Mesuroit la grandeur de la toupie au foit,
> Il connut clairement ce que faire il devoit,
> Se gardant d'estre pris des grandeurs à l'amorce.

IX

C'est après ces sages austères qu'on vit ces prétendus philosophes dont nous avons déjà parlé, et qui croyaient imiter les maîtres parce qu'ils en portaient le bâton.

« Ils se revêtaient d'une tunique fort courte tissue
« d'une laine grossière; ils s'enveloppaient d'un grand
« manteau de la même étoffe et ne marchaient qu'armés
« d'un long bâton, d'un pas grave et mesuré. »

La manière de ces faux sages était d'imiter le laconisme de Chilon.

Aujourd'hui, ce type n'existe plus, et ce qui distingue nos modernes philosophes, ce n'est ni le laconisme, ni le costume, ni le bâton... des anciens... c'est souvent le bavardage.

CHAPITRE V

Quelques lignes sur la morale.— Aristote et la jeune Indienne. — Pourquoi
les Grecs furent subjugués par les Romains. — Où Antisthène prouve que
tout le monde se croit digne de commander. — L'amour du bâton, c'est-
à-dire du commandement. — Le plus noble des bâtons et le moins envié.
— Pourquoi Denis, roi, se fit maître d'école. — Comment, autrefois, on
enseignait l'*Iliade* et l'*Odyssée*.— Le sceptre-férule.

I

C'est à dessein que nous nous sommes étendu avec
complaisance, dans le chapitre précédent, sur la morale
des anciens philosophes et, dût le lecteur nous accuser de
pédagogie, nous consacrerons encore quelques lignes à
cette science, qui enseigne à l'homme ses devoirs, en lui
prescrivant une sage conduite et en lui donnant les moyens
d'y conformer ses actions. Et pourtant cette science, en-
seignée par ces anciens porte-bâton, a toujours eu des
détracteurs. C'est qu'il est difficile de faire admettre que
les maximes des philosophes laïques de la Grèce et de
Rome sont le fondement de la morale évangélique.

Aristote, dont on a beaucoup trop plaisanté, a surtout

encouru la réprobation des sages de notre temps, lui dont Alexandre pouvait dire : « J'ai moins soumis de peuples avec mon sceptre qu'Aristote avec son bâton. »

On a même voulu que sa conduite fût tout à fait en désaccord avec sa doctrine ; témoin l'anecdote suivante :

Une jeune Indienne d'une grande beauté eut à cœur de séduire Aristote ; dans ce dessein, elle va le trouver et l'agace si bien, que le philosophe, qui en ce moment se promenait seul dans son jardin, laisse tomber son bâton et se précipite aux pieds de la belle esclave... La jeune fille semble sur le point de céder à ce transport amoureux... Mais, ô caprice de l'amour, elle y met une condition...

« Commande et j'obéirai ! » soupire l'auteur du livre *les Grandes Morales humaines.*

Ils sont sous un ombrage touffu, où nul regard humain ne pourrait pénétrer.... même le soleil tenterait vainement de jeter un rayon indiscret dans ce réduit mystérieux !

« Je voudrais, dit l'Indienne après une timide hésitation, monter à cheval sur votre dos. »

La demande est absurde... folle... mais le sage et plus fou encore... « Il s'agenouille à quatre pattes, » dit « l'auteur de ce ridicule mensonge, et l'Indienne, qui « a relevé le bâton du philosophe, se place en selle « sur son dos, et frappe dessus comme sur un vieux « roussin. »

Tout à coup un éclat de rire retentit derrière un massif... C'est Alexandre, son élève, qui a voulu prendre une leçon de celui qu'on appelle le « comble de la perfection humaine ».

Ce conte serait-il vrai, qu'il ne ternirait point la mémoire de cet illustre porte-bâton.

II

Quand la véritable philosophie cessa de régner en Grèce, les Romains ne tardèrent pas à la subjuguer.

C'est le sort réservé à toute puissance abâtardie par la fausse fierté, la fausse science, la fausse sagesse, et la trop grande quantité de gens qui aspirent à commander.

Ce qui faisait dire à Antisthène qu'autrefois on avait peine à trouver sept sages dans la Grèce, et qu'alors on aurait eu peine à trouver sept personnes qui ne se crussent pas dignes de porter le bâton.

N'est-ce pas ce même Antisthène qui prétendait que si, au milieu de l'amphithéâtre d'Athènes, on ordonnait à tous les citoyens d'un seul métier de se lever, et aux autres de rester assis, cet ordre s'exécuterait facilement : mais que, si l'on faisait le même commandement à tous ceux qui se croient en état de régler les grandes affaires, ou de gouverner la République... personne ne resterait assis !

Hélas!!! ne pourrait-on pas dire ainsi des Français d'aujourd'hui ?

III

Étrange inconséquence!... en France, où l'amour de l'indépendance a poussé de si profondes racines, tout le monde aspire plus ou moins à commander ; et l'on ne professe une sainte horreur que pour le bâton qu'on ne tient pas soi-même.

IV

Autre inconséquence, mais celle-ci chez les princes.

Aussitôt qu'ils ont le sceptre, ils se croient inamovibles : ils ont bien reconnu au peuple le droit de le leur donner, mais ils lui dénient le droit de le leur ôter. Et si, par le fait d'une révolution, le bâton de commandement leur est arraché, ils fomentent la guerre civile ou étrangère ; ils mettent tout à feu et à sang pour le ressaisir.

V

Je reviens aux philosophes. Il y avait parmi eux des *maîtres* qui jouissaient, comme les rois, d'un pouvoir absolu, et qui l'exerçaient en despotes, sans craindre jamais que leur nom fût maudit, leur trône renversé, leur bâton de commandement brisé!!! — C'était les maîtres d'école.

Nul sceptre n'était plus noble et moins envié que le leur!!!

Je m'incline avec respect devant ces souverains qui n'ont jamais fait la guerre qu'à l'ignorance... dans le champ clos de nos écoles.

Je voudrais que le sacerdoce de l'enseignement devînt tellement en honneur, que le plus beau titre qu'un homme pût envier fût celui de *maître d'école.*

VI

Cicéron, ce digne interprète de la philosophie morale de la Grèce, disait que si Denis roi, puis maître d'école, avait, dans son infortune, choisi de préférence ce dernier métier, c'était pour ne pas perdre l'habitude du commandement.

Je crois plutôt que ce fut par amour de la philosophie, qu'avait su lui inspirer Platon.

« A quoi vous ont servi les leçons de ce maître ? lui disait-on.

— Elles m'ont appris à supporter mes disgrâces, » répondit-il.

VII

Les maîtres d'école d'alors se servaient de deux bâtons pour enseigner : un rouge pour l'*Iliade*, un jaune pour l'*Odyssée*.

Peu à peu le bâton fut employé à châtier bien plus qu'à démontrer ; et les maîtres adoptèrent le bois flexible de la *férule* comme plus propre au nouvel emploi auquel cet insigne était destiné.

La férule a fait longtemps partie de l'enseignement... Il était accepté qu'on ne pouvait instruire qu'à coups de bâton...

Ce préjugé datait de loin.

Théodoric, roi des Goths, avait fait défense à ses guerriers d'envoyer leurs enfants à l'école, parce que, disait-il, « il n'est pas possible qu'ils n'aient pas peur d'une épée après avoir craint la férule. »

Il eût été bien plus simple de supprimer la férule...

Mais c'était un préjugé, et il faut des siècles pour détruire un préjugé, quelque idiot qu'il soit.

Dans le Bas-Empire, on appelait la férule sceptre, d'où le nom de *porte-férule* donné aux princes d'alors.

VIII

La révolution de 1789 avait oublié de briser ce sceptre-férule. Depuis, le bon sens en a fait justice.

Nous avons supprimé la férule comme inutile à l'éducation des enfants, et un jour viendra peut-être où toutes les nations pourront supprimer le sceptre comme inutile au bonheur des hommes.

CHAPITRE VI

I

Du pacifique bâton des philosophes au bâton arme de guerre, la transition est brusque; mais, en y réfléchissant, on la trouve naturelle : n'est-il pas, en effet, dans la nature du bâton de passer quelquefois ainsi, très-brusquement, du passif à l'actif?

II

Bâton réveille de prime abord une idée restreinte à son usage habituel, mais nos pères ne le jugeaient point ainsi : ils donnaient ce nom à toutes sortes d'armes, même aux fusils. Aussi, pour dire armé de n'importe quelle arme, ils disaient : embastonné ou abastonné.

Ducange nous en fournit mains exemples :

« Lesquels étaient bastonnés d'épées, demi-lances et autres bastons. »

Charte de 1465 :

« Embastonnés d'épées et autres armes invasibles. »

Pour désarmer, on disait : débastonner.

Charte de 1449 :

« Icelui Huart fut débastonné de son baston plommé (plombé). »

Charte de 1409 :

« Icelui varlet regarda le dit icelui prieur, estant des-bastonné d'une épée qu'il avait et vint frapper ledit prieur sur la teste. »

Autre exemple tiré de la vie de Bayard :

« — Maître mon ami, disait le jeune page Bayard au maître-palefrenier du duc de Savoie, dirou de Chenas, j'entends que le roi a dit à monseigneur qu'il veut voir mon roussin après dînée et moi dessus. Je vous prie, tant que je puis, de le faire mettre en ordre et je vous donnerai ma courte dague de bon cœur.

« Le maître-palefrenier, qui vit la bonne volonté du jeune garçon lui dit :

« — Bayard, mon ami, gardez votre baston, je n'en veut point.

« Pierre de Bayard n'était encore alors qu'apprentif es-armes et son baston avait déjà fait mainte prouesse.»

Nostradamus, dans son *Histoire de Provence*, donne aussi le nom de bâton à toutes les armes :

« Voici venir quinze ou vingt chevaliers, armés d'arbalettes et autres bastons. . . . .

. . . .

accompagnés d'une bande de trois ou quatre cents satellites, armés et embastonnés d'arbalettes, javelots, per-
tuysanes, langue-de-bœuf, lances-gayes et demi-pi-
ques. »

III

Nous avons voulu démontrer, par ces exemples, que
les congénères du bâton sont nombreux, et que cet
éternel complice de la méchanceté humaine n'a jamais
menti à son origine, puisque, sous cent formes d'armes
de guerre différentes, il a toujours gardé son antique
dénomination.

On peut dire absolument qu'avant la fatale invention
de la poudre, les hommes ne se faisaient la guerre qu'à
coups de bâton.

« Ils combattaient avec les ongles et les poings, avec
des bâtons et enfin avec des armes que l'usage avait
plus tard fabriquées :

> *Unguibus et pugnis, dein fustibus, atque it a porro,*
> *Pugnabant armis, quæ post fabricaverat usus.*

IV

Je trouve dans les *Singularitez de la France antarc-tique :*

« Les Canadiens combattent avec des flèches rondes, massues, bastons de bois à quarres, lances et piques de bois aiguisées par le bout d'os au lieu de fer. Ainsi en usaient les anciens à la manière des sauvages : — ils combattaient à coups de poing, à coups de pied, mordaient à belle dent, se prenaient aux cheveux et autres manières semblables. Ainsi Hérodote, en son quatrième livre, parle de certains peuples qui se combattaient à coups de baston, et dit, en outre, que les vierges de ce païs avaient coutume de batailler tous les ans avec des bastons, les unes contre les autres, en l'honneur de la déesse Minerve... Ainsi, Diodore, en son premier livre, récite que les massues étaient propres à Hercule pour combattre, car auparavant n'étaient encore les autres armes en usage... Qui voudra voir Plutarque et Justin et autres auteurs, trouvera que les Romains combattaient tout nuds, et que les Thébains et Lacédémoniens se vengèrent de leurs ennemis à coups de levier et gros baston de bois. »

V

On sait que l'arme principale des Romains était un bâton un peu court, armé d'un fer pointu.

On pourrait dire absolument que c'est ce bâton qui a conquis le monde. Si les Gaulois ont succombé devant leurs armées, c'est à cette terrible pique qu'il faut l'attribuer.

Les Gaulois avaient pour combattre de longues épées à deux tranchants et dont le bout était arrondi; ils ne pouvaient donc pas frapper de stoc. Confiants dans le tranchant de leur arme, ils avaient pour tactique de frapper de taille pour couper le bâton des Romains. Mais le bois dur de l'arme romaine résistait au choc, et les épées gauloises se brisaient contre ou se tordaient, comme des *estrigiles*, dit Polybe : « Alors, tandis que le guerrier gaulois cherchait à redresser son épée avec son pied en le posant à terre, le Romain fondait sur lui et le frappait de stoc avec son bâton ferré. »

VI

Les Francs, les Goths, les Suèves, les Astiens, en un mot tous les Germains connaissaient peu le fer. Jusqu'au vi^e siècle, ces peuples n'eurent, pour armes, que le bâton proprement dit et la massue. C'est en assemblée publique qu'ils recevaient, avec la robe virile, leur arme de guerre, et ils s'en faisaient tant d'honneur qu'ils ne paraissaient jamais dans les temples, dans les festins, sans avoir leur bâton de guerre à la main. Il était défendu de le donner ni de le prêter, pas même pour sauver sa vie. Celui qui le perdait était déshonoré. La plus grande infamie dont on pût couvrir un guerrier germain, c'était de lui ôter son bâton!...

Germain!... nom prédestiné qui signifie guerre aux hommes!...

Les Allemands aussi ne se firent longtemps la guerre qu'à coups de bâton et de massue. C'est pourquoi, dans leur ancienne histoire, leur armée est appelée KNUD-DOHEER (*Knods*, ancien mot belge qui signifie massue).

VII

Les voyez-vous, ces guerriers couverts d'une peau de bœuf et armés de leur terrible bâton de guerre. Les instincts de la férocité sont empreints sur leur visage ; tout en eux semble respirer la barbarie : leurs yeux aux prunelles mobiles, leur bouche aux lèvres contractées et leurs narines fumantes comme celles d'un taureau furieux qui va se précipiter dans l'arène.

Tels étaient, il y a treize siècles, les guerriers redoutables qu'il est convenu d'appeler Barbares et qui — la guerre de 1870-1871, entre Français et Allemands, vient de le prouver — étaient moins barbares que ceux de nos jours.

VIII

Les barbares d'autrefois, loin de brûler les villages et de piller les maisons, défendaient aux soldats, sous de grosses peines, de gâter les terres ensemencées et de passer sur les blés. Si quelqu'un de l'armée avait dérobé seulement une brebis à un paysan, on lui coupait la main si c'était un esclave, il n'était condamné qu'à la rendre si c'était un gentilhomme ; mais si c'était un homme libre, il fallait qu'il payât de plus une amende de cinquante sols. Les incendiaires étaient dégradés de leur bâton, rasés et chassés du camp pour jamais. Ceux qu'on surprenait en état d'ivresse étaient condamnés à ne boire que de l'eau pendant un certain temps... On coupait le nez aux femmes qui suivaient l'armée.

Voici un ordre que Théodoric, roi des Goths, donna à un corps de Gépides qu'il envoyait au secours des Gaules :

« Que votre marche soit heureuse, laissez sur vos pas des marques de votre modération et faites votre route

comme gens qui se consacrent au salut public. Ne faites
point de tort à ceux qui sont sans armes, et soyez généreux pour l'ennemi vaincu; que votre bâton ne se rou-
gisse jamais d'un sang innocent. Ne faites point de tort
à ceux de votre parti, ne ruinez pas ceux dont vous en-
treprenez la défense. »

Qui mérite mieux le nom de barbares des anciens ou
des modernes?

IX

Dans ces guerres, à coups de bâton et de massue, il
fallait au moins du vrai courage pour affronter les combats. On se battait des yeux, de la voix, homme à
homme, corps à corps; plus on avait d'adresse, de force,
de sang-froid, plus on pouvait espérer de terrasser
son ennemi.

L'ennemi terrassé ou désarmé, le combat cessait. La
générosité du vainqueur était assurée au vaincu... et
l'humanité reprenait ses droits.

X

Aujourd'hui, où la guerre n'est plus qu'un problème
de mathématiques, où le fusil à aiguille et le canon
Krupp ont remplacé le bâton et la massue, où l'on se

bat contre un ennemi invisible, sans haine, sans passion, froidement, stupidement même, où le plus lâche
peut tuer le plus courageux, le plus faible le plus fort,
le moins adroit le plus habile ; aujourd'hui où, semblable
à la foudre, la mort frappe au hasard, entassant pêle-
mêle sur un champ de bataille des milliers de morts et
de mourants,... où est le courage ?... où est l'humanité ?...

XI

Et je disais — songeant à la fatale guerre
Qui menace le monde, hélas ! et qui, naguère
A mis la France en deuil : — « O pauvre humanité,
« Quelle loi subis-tu de toute éternité ?...
« Quoi ! le soleil toujours poursuit sa libre course,
« Les arbres et les fleurs, la rivière et la source
« Accomplissent en paix leurs destins ici-bas,
« Et nous, tristes mortels, nous rêvons les combats
« Meurtriers, et, pareils aux animaux féroces,
« Nous voulons — dominés par des instincts atroces —
« Nous entre-déchirer... nous égorger... Caïn
« A donc jeté du sang sur tout le genre humain !!! »
. . . .
Car à l'heure où j'écris ces mots, l'Europe entière
Est prise d'un accès de fureur meurtrière ;
Il se fait comme un bruit sourd, lugubre, profond !..
Du fusil qu'on essaye et de l'obus qu'on fond.
J'écoute remuer le fer..., souffler la forge
Avec les râlements d'un homme qu'on égorge !
La lime sur l'acier grince sinistrement,
Pareille aux cris de rage et de déchirement.
Toutes les nations ne sont plus occupées
Qu'à pétrir du salpêtre et fourbir des épées !...

> Je frissonne ! — entendant sur le bronze et l'airain
> Le marteau résonner, comme un glas souterrain —
> Comme si l'on sonnait déjà les funérailles
> De ceux qui tomberont sur les champs de batailles.

Et c'est après tant de siècles de travail et de progrès social que les peuples songent, plus que jamais, à ces guerres hideuses qui sont la négation complète de la civilisation.

> Hélas ! ce mot si doux — Civilisation ! —
> On ne le traduit plus que par Destruction !
> La science en progrès ne cherche qu'à résoudre
> Un problème : elle veut trouver mieux que la poudre
> Pour détruire plus vite, et de plus loin tuer !...
> Tuer !... Je ne pourrai jamais m'habituer
> A prononcer ce mot, que de vils insulaires
> Seuls devraient posséder dans leurs vocabulaires.

XII

Un grand bienfaiteur de l'humanité sera celui qui trouvera le moyen d'anéantir toutes les armes de guerre, et qui empêchera d'en fabriquer de nouvelles.

Un peuple de soldats devient fatalement barbare !...

Eh bien ! qu'on nous ramène à l'âge du bâton.

CHAPITRE VII

L'origine du point d'honneur, suivant Montesquieu. — Comment se battaient les gentilshommes. — Comment se battaient les vilains. — La différence qu'il y a entre un coup de poing et un soufflet. — Lois répressives contre les coups de bâton.

I

Il était dans la destinée du bâton d'être simultanément la représentation des deux points extrêmes de la vie sociale. S'il est un emblème de gloire et un instrument de despotisme, il est en même temps un emblème de honte et un instrument d'humiliation.

C'est en partant de ce principe que Montesquieu a écrit, à propos du bâton, son célèbre chapitre de l'*Esprit des lois* intitulé « Origine du point d'honneur ».

« On trouve, dit-il, des énigmes dans les codes des lois barbares. La loi des Frisons ne donnait qu'un demi-sou de composition à celui qui a reçu des coups de bâton, et il n'y a si petite blessure pour laquelle on n'en donne davantage.

12.

« Dans la loi salique, si un ingénu donnait trois coups de bâton à un ingénu, il payait trois sous ; s'il avait fait couler le sang, il était puni comme s'il avait blessé avec le fer et il payait quinze sous. La peine se mesurait par la grandeur des blessures.

« La loi des Lombards établit différentes compositions, pour un coup, pour deux, pour trois, pour quatre. Aujourd'hui, un coup en vaut mille. »

Cette loi des Lombards, insérée dans la constitution de Charlemagne, veut que ceux à qui elle permet le duel ne combattent qu'avec le bâton.

Le capitulaire de Louis le Débonnaire donne choix de combattre avec le bâton ou avec autres armes. Mais dans la suite, il n'y eut que les serfs qui combattissent avec le bâton.

Une loi de Frédéric Ier défendit aux roturiers de porter l'épée ; le bâton seul simple et nu leur fut permis. Lalouette se plaignait que, de son temps (xviie siècle), cette loi n'était plus observée, — ce qu'il regardait comme un grand abus.

II

« Les gentilshommes se battaient entre eux, à cheval et avec leurs armes, et les vilains se battaient à pied et avec le bâton. De là il suivit que le bâton était l'instrument de l'outrage, parce qu'un homme qui en avait été battu avait été traité comme un vilain.

« Il n'y avait que les vilains qui combattissent à visage découvert, aussi il n'y avait qu'eux qui pussent recevoir des coups sur la face ; un soufflet était une injure qui devait être lavée par le sang, parce qu'un homme qui l'avait reçu avait été traité comme un vilain. »

III

Ces lignes de l'*Esprit des lois* me rappellent une aventure arrivée à Mgr de Talleyrand - Périgord, évêque d'Autun.

Ce ministre de Dieu venait de renoncer au bâton pastoral pour prendre femme et devenir ministre du premier Consul.

Or, un jour, s'étant pris de querelle avec Fouché, qu'il avait dénoncé, dit-on, celui-ci lui appliqua un mirifique soufflet, non au figuré... mais en pleine figure.

« Oh ! le brutal !... *quel coup de poing !...* » exclama Talleyrand.

Voilà comment le rusé diplomate sut éluder le point d'honneur. Un coup de poing n'était pas un outrage qui dût se laver dans le sang, comme un soufflet ou un coup de bâton.

IV

Notre législation s'est toujours beaucoup occupée du bâton. Un règlement des maréchaux de France, du 22 août 1658, dit : « Pour les coups de bâton, l'offensant tiendra prison un an entier, et ce temps ne pourra être modéré sinon de six mois, en payant trois mille livres, applicables à l'hôpital le plus proche du lieu de la demeure de l'offensé. »

Celui qui avait frappé était, en outre, obligé de demander pardon à genoux à l'offensé, qui avait le droit de lui appliquer pareil nombre de coups de bâton qu'il en avait reçus. S'il refusait de frapper par générosité, le juge pouvait l'y contraindre.

Un autre règlement porte que celui qui donne des coups de bâton, après avoir reçu un soufflet ou autres coups de main, est condamné à deux ans de prison et à quatre, s'il n'a pas été frappé le premier.

V

De nos jours, les coups de bâton ne sont plus guère dénoncés à la justice. Maints journalistes en ont reçus et n'en sont pas moins restés gens fort honorables, même sans avoir lavé l'insulte dans le sang, — ce qui

est une manière assez idiote de se faire rendre raison,
puisque ce sang peut bien être le vôtre. Tous les écrivains ne sont pas d'humeur à se faire brûler la cervelle
ou percer la poitrine, parce qu'un imbécile — qui se croit
insulté par la plume — n'aura voulu riposter qu'avec le
bâton !

Nul n'est susceptible comme un sot qui se croit ou-
tragé par un homme d'esprit.

CHAPITRE VIII

I

Philosophes et moralistes ont beau dire et écrire que
le duel est un acte absurde, que le point d'honneur qu'on
y attache est un préjugé digne des peuples encore barbares, que le bon sens le désapprouve, la raison le condamne, rien, jusqu'à présent, pas même la loi qui le
frappe, n'a pu prévaloir contre ce sot usage. C'est que,
esclave du préjugé, nous regarderions comme un déshon-
neur de ne pas nous faire tuer par celui-là même qui
nous aura offensé. C'est absurde, mais c'est ainsi.

En Angleterre, — où se battre à coups de poing et à
coups de bâton est un spectacle autorisé, — le duel proprement dit est très-rare aujourd'hui. C'est que la loi

anglaise, au lieu d'avoir recours, comme notre loi française, à de subtiles analogies pour atteindre les duellistes, frappe directement le duel comme un acte de félonie; elle ne le condamne pas seulement, elle le flétrit, assimilant les duellistes à des malfaiteurs et des vagabonds.

En France, au contraire, nous honorons du nom de brave l'homme qui en provoque un autre, et nous accusons de lâche celui qui aura refusé de se battre.

Helvétius rapporte que Pharamond, ayant reproché à un de ses soldats d'avoir contrevenu à ses ordres en se battant en duel, celui-ci lui répondit :

« Comment m'y serais-je soumis, tu ne punis que de la prison ceux qui les violent, et tu punis d'infamie ceux qui y obéissent. »

C'est ce qu'on aurait pu répondre aussi à Henri IV, qui fit des lois pour réprimer les duels, et qui témoignait du mépris à ceux qui s'y conformaient.

Louis XIV fut plus inconséquent encore; il promulgua un édit de mort contre les duellistes, et accorda en même temps des lettres patentes en faveur des maîtres d'armes.

Ce qui a beaucoup contribué et perpétuer la manie des duels, c'est la sanction que leur donnaient l'Église et la loi, en autorisant les combats judiciaires, où le vilain ne pouvait se battre qu'avec un bâton.

On disait alors la messe du duel, *pro duello.*

II

Dans les îles Kouriles, qui sont une dépendance du Kamtchatka, on a une manière de se battre en duel que je voudrais voir introduite dans nos usages.

Celui qui provoque reçoit le premier sur le dos trois formidables coups de bâton ; ensuite il les rend à son adversaire. Ce jeu continue ainsi jusqu'à ce qu'un des deux duellistes demande grâce ou succombe sous les coups.

Il faut prendre le bien partout où on le trouve. Qu'on essaye. Ce serait peut-être un moyen d'empêcher les duels.

III

Un autre moyen serait celui employé par je ne sais plus quel roi. Malgré la défense qu'il en avait faite, deux officiers supérieurs vinrent un jour lui demander la permission de vider leur querelle à l'épée.

Le prince fut blessé de cette demande, mais dissimula son ressentiment.

« J'y consens, répondit-il, mais à la condition que

j'assisterai moi-même au combat, et que j'en assignerai l'heure et le lieu. »

Ce qui fut accepté.

A l'heure convenue, le prince arrive sur le lieu du combat, accompagné de ses gardes. Il fait appeler le bourreau, et lui dit :

« Mon ami, dès l'instant que l'un sera tué, coupe devant moi la tête à l'autre. »

A ces mots, les deux officiers restent quelque temps immobiles... puis se jettent aux pieds du roi et lui demandent pardon.

Depuis ce moment il n'entendit plus parler de duel.

IV

L'histoire cite le moyen employé par le maréchal de Brissac pour mettre un frein à la fureur des duels. Il ordonna qu'on se battrait sur un pont, entre quatre piques, et que le vaincu serait jeté dans la rivière, sans que le vainqueur pût lui donner la vie.

V

Puisque nul moyen sérieux n'a réussi à intimider les duellistes, il faudrait rendre les duels impossibles. Mais comment?... Voici :

Un de mes amis fut un jour provoqué. Il eut donc le choix des armes ; heureusement pour lui, car il avait affaire à un spadassin capable de mettre une balle dans une pièce de deux sous, à vingt-cinq pas de distance ; à un spadassin qui était aussi de première force à l'épée et au sabre, — tandis que mon ami n'avait jamais appris que l'escrime au bâton.

« Quelle arme choisissez-vous ? » lui demandent les témoins chargés de régler les conditions du combat.

Mon ami réfléchit une seconde, puis :

« Je choisis le bâton.

— C'est une arme par trop roturière, observa un témoin... Pourquoi pas le sabre ?

— Eh bien ! va pour le sabre, répond résolûment mon ami... l'épée, si vous préférez ; mais à une condition : c'est que nous nous battrons à vingt-cinq pas de distance. »

On crut à une plaisanterie ; mon ami avait parlé sérieusement... il ne voulut point en démordre : le bâton ou le sabre à vingt-cinq pas !...

Bien vous pensez que le duel n'eut pas lieu.

Ce moyen fantaisiste serait certainement le meilleur à recommander.

VI

Le duel, avec quelle arme que ce soit, étant basé sur le droit du plus fort, est l'acte le plus contraire aux lois de la justice. Et cependant rien encore n'a pu l'empêcher. C'est qu'il reste encore dans notre société un regain de la coutume féodale qui consistait à se faire justice soi-même.

CHAPITRE IX

L'ART DU BATON

La science du bâton. — Les aphorismes d'un bâtonniste. — L'empire du bâton. — Les décembraillards. — La société des Gourdins-Réunis. — Combien de coups de bâton on peut donner en 30 secondes. — Un bâton célèbre et... inoffensif.

I

Je me souviens d'une salle d'armes du quartier latin, très-fréquentée en 184..., où l'art de manier le bâton était particulièrement enseigné. Nous étions là une douzaine d'étudiants presque passionnés pour ce genre d'escrime.

Notre maître d'armes s'appelait Gousset. C'était un homme d'une force prodigieuse, irascible en diable, très-redouté de ses pareils, mais au demeurant bon enfant et très-expansif... surtout quand nous lui payions à boire.

« Messieurs, nous disait-il souvent, sachez vous servir du bâton à une ou à deux mains, avec cela je réponds de vous. Dans quelque situation que vous vous trouviez, quel que soit le nombre des ennemis, vous repousserez victorieusement leurs attaques avec cette arme à la main. Tenez, ajoutait-il quelquefois en faisant pirouetter son bâton, avec ce moulinet je ferais reculer une escouade de sergents de ville. »

Gousset avait le fanatisme du bâton.

II

L'escrime au bâton, nous disait-il aussi, développe le corps plus que tout autre exercice, c'est le meilleur moyen pour acquérir la force et la souplesse; après six mois de ce remède salutaire, on est assuré contre les affections de poitrine.

Les aphorismes de Gousset à ce sujet me reviennent à la mémoire :

* *

La science du bâton est la science de la vie.

* *

Visez au flanc... mais frappez à la tête.

* *

Méfiez-vous de vos yeux; — qu'on ne devine jamais où vous voulez frapper.

*
* *

L'homme ne fait son chemin et n'arrive que par l'audace. Soyez fort au bâton et vous serez audacieux.

*
* *

Ayez confiance en votre bâton, et vous aurez confiance en vous-même.

*
* *

Savoir se faire craindre vaut mieux que savoir se faire aimer, et rien n'inspire la crainte comme un bon et solide gourdin.

*
* *

Il faut savoir donner des coups de bâton et des poignées de main.

III

Ces aphorismes de Gousset, sur l'art et la morale du bâton, semblent avoir été mis en pratique notamment par une société célèbre, créée en 1850, et que le public baptisa du nom de *Décembraillards*.

« Formidable était l'organisation de cette société, dit M. Ernest Hamel dans sa patriotique *Histoire du second Empire*. Elle formait toute une armée recrutée d'anciens militaires et d'une foule de gens sans aveu, prêts à tout, qui pour une place, qui pour une pièce de cent sous ou un verre de vin. Ses membres étaient armés de long bâtons ferrés, dont ils se servaient pour frapper ceux qui refusaient de s'associer à leur enthousiasme. »

IV

C'est à une revue que Louis-Napoléon, alors président de la République, passa sur le plateau de Satory, près de Versailles, le 10 octobre 1850, que les décembraillards apparurent pour la première fois leur bâton ferré à la main.

Ce jour se réalisa cet aphorisme de notre maître bâtonniste Gousset :

« Il faut savoir donner des coups de bâton et des poignées de main. »

Ici, les poignées de main étaient des bouteilles de vin distribuées aux soldats.

On vit alors, dit un témoin oculaire, les partisans du nouvel empire chauffant l'enthousiasme des troupes et provoquant les cris de *Vive l'Empereur!* la bouteille d'une main et le bâton de l'autre.

V

Et l'Empire se fit!!!

En 1869, quand ce pouvoir — que M. de la Guéronnière appela, dans un journal, l'*Empire-bâton* — était prêt de tomber, le bâton essaya de reprendre son rôle politique.

Un journaliste de Paris substitua à la société des *Décembraillards* la société des *Gourdins-Réunis*.

Malheureusement, pour les hommes qui rêvent encore du bâton féodal, le peuple d'aujourd'hui ne se laisse plus guère bâtonner, et la société des *Gourdins-Réunis* en fut cette fois pour ses frais.

Et l'Empire tomba!!!...

C'est le sort réservé à tous les pouvoirs qui, n'ayant pas le Droit pour principe, ne peuvent s'élever et se maintenir que par la Force.

VI

Si, de tous les temps et chez tous les peuples, les coups de bâton furent pratiqués, — ainsi que nous l'allons voir au livre suivant de cette histoire, — il appartenait à notre époque de faire un art de cette pratique. Mais, heureusement pour notre génération, cet art ne s'exerce plus aujourd'hui que platoniquement... bien qu'il y ait encore tant d'échines flexibles, prêtes à se courber devant le premier bâton venu.

VII

Du temps du bâtonniste Gousset, on ne donnait pas plus de 40 à 50 coups en 30 secondes. Nos bâtonnistes d'aujourd'hui peuvent en donner de 70 à 80.

Un pareil progrès dans l'art de donner des coups de bâton me rend rêveur !!!

VIII

A tous les bâtonnistes passés, présents et futurs, à tous les porteurs de bâton, rois, empereurs ou prélats, je préfère ce bâtonniste inoffensif, qui naguère exécutait ses tours de bâton sur la place de la Madeleine et sur les grands boulevards, et que tout Paris a vu faisant sauter en l'air, du bout de sa canne, une piécette d'argent qui retombait toujours dans la poche de son gilet, aux applaudissements du public.

Ce bâtonniste s'intitulait modestement le premier jongleur de canne de l'Europe.

Pardonnons-lui ce sentiment d'orgueil, à ce bâton célèbre dans les fastes de la rue… car celui-là au moins n'a jamais tyrannisé ni battu personne, — et il a su se faire aimer sans se faire craindre !

LIVRE CINQUIÈME

LES PEINES DU BATON

CHAPITRE I

LA BASTONNADE

La bastonnade chez les Juifs. — La menace de Roboam. — Le saint martyr Éléazar. — Un édit de Ptolémée Philopator. — Le tympanum. — La Croix. — La bastonnade chez les Romains. — Le Centurion. — Le Cep de vigne.

I

Bâton, qui s'écrivait autrefois *baston*, dont on a fait bastonnade, et qui vient de *batuo*, *batuis*, qui signifie *battre*, devait nécessairement justifier son étymologie en servant surtout à *frapper*, mot dérivé du grec qui veut dire *bâton.* Toutes les anciennes législations se sont servies de cet instrument prédestiné comme moyen de répression..Après avoir été le premier représentant de l'autorité, le bâton ne pouvait faire moins que de devenir le premier représentant de la loi pénale.

Il est en effet le premier des châtiments infligés aux hommes, esclaves ou libres.

Cette correction, qu'on nomma généralement *baston-nade*, et qui, avant 1789, était encore en usage en France dans les armées de terre et de mer, — sauf pour les soldats gentilshommes, bien entendu, — serait une honte aujourd'hui.

Encore une des prérogatives du bâton disparue avec l'ancien régime.

De nos jours, il faut aller chez les Chinois, les Turcs, les Russes, les Barbaresques, les Allemands, partout enfin où la féodalité règne encore, pour être témoin de ce supplice dégradant.

Et c'est parce que les peines du bâton tendent à disparaître du monde, devant les progrès de la civilisation universelle, que nous voulons y consacrer quelques pages.

II

Les Juifs étaient jadis les plus féroces donneurs de coups de bâton de la terre; suivant le cas, ils agrémentaient même l'instrument de pointes et d'épines.

« Mon père vous a frappé avec de simples fouets, moi « je vous frapperai avec des scorpions, » dit Roboam, roi des Hébreux, à son peuple qui le suppliait d'adoucir le joug dont son père Salomon l'avait chargé.

La bastonnade entrait si bien dans le goût des Israélites, et ils en usaient si volontiers, que Moïse leur avait
défendu d'excéder quarante coups; mais comme la loi
ne fixait pas la qualité avec la quantité, il s'ensuit que le
patient expirait souvent au trente-cinquième.

Cette peine était alors la plus communément appliquée, sans doute parce qu'elle était la plus expéditive et
demandait le moins d'appareil.

Nous voyons dans le troisième livre des Macchabées
que Ptolémée Philopator — s'étant emparé de Jérusalem
et ayant ordonné à ses généraux d'amener les Juifs en
captivité — rendit l'édit suivant : « Quiconque aura ca-
« ché un Juif, depuis le vieillard jusqu'aux jeunes en-
« fants, sera mis à mort, lui et toute sa famille, à coups
« de bâton.»

III

Quand les Romains eurent subjugué les antiques
royaumes de Juda et d'Israël, ils enlevèrent aux Juifs
le droit de vie et de mort sur les coupables, et ne leur
permirent plus que vingt-cinq coups de leur instrument
favori.

IV

Ce que nous appelons *bastonnade*, les Israélites l'appelaient *tympanum*, d'où vient le verbe *tympaniser*, battre
sur une peau... de tambour.

On ne pouvait trouver une figure mieux appropriée à
la chose.

Le saint martyr Éléazar « ne voulut point se racheter
« du *tympanum*, dit saint Paul, espérant une meilleure
« résurrection. »

Notre-Seigneur Jésus-Christ, pour avoir dit trop librement la vérité aux Juifs, fut condamné aussi à subir
cette peine infamante.

V

Chez les Romains, la qualité de citoyen préservait de
la bastonnade. « C'est un péché de faire mettre dans les
« liens un citoyen romain, dit Cicéron, mais c'est un crime
« de lui donner la bastonnade. » La loi voulait cependant
qu'on frappât du bâton les condamnés à mort, — « afin que
par cette peine ignominieuse ils perdissent, avant d'expirer, leur qualité de citoyen. »

VI

La bastonnade était une peine infamante employée seulement dans les armées. Si la faute commise était légère, on en était quitte pour quelques légers coups. Pour les soldats mercenaires, on se servait d'un bâton fait avec du bois de férule. Pour les soldats romains, on employait un Cep de vigne.

Le mercenaires étaient bâtonnés par les Romains ; les Romains, par le *Centurion*.

Le Centurion ne marchait jamais sans tenir à la main l'instrument de sa charge. Cet instrument était tellement inséparable de cet estimable fonctionnaire, que, dans les inscriptions, le bâton figure toujours à la place de *Centurion* et y tient lieu de ce mot.

C'était un cep de vigne, recourbé à sa partie supérieure, et dont il ne se servait que lorsque la bastonnade ne devait pas aller jusqu'à la mort : c'était le bâton le moins déshonorant.

La vigne a toujours eu d'étranges immunités.

VII

La bastonnade changeait de nom pour les soldats condamnés à mort : on l'appelait *fustuarium*. On frappait en ce cas jusqu'à ce que mort s'ensuivît (1).

Suivant Polybe, on appliquait cette peine non-seulement à l'officier ou au soldat qui avait abandonné son poste, mais on l'appliquait également à celui qui se vantait d'une belle action qu'il n'avait point faite.

Aujourd'hui, combien de ces vantards de garnisons qui ne parlent que de leurs prouesses et qui, si leurs mensonges pouvaient se démentir, mériteraient la bastonnade !

---

(1) Voici comment Polybe explique cette peine militaire : « On assemble « le conseil militaire où le tribun préside : si l'accusé est condamné, le « tribun prend une canne dont il frappe le premier légèrement le coupable ; « à l'instant les soldats légionnaires l'assomment à coups de bâton.... « Quelquefois le criminel n'en meurt pas, mais ceux qui en réchappent (ce « qui arrive quelquefois) n'en sont guère mieux. Ils ne peuvent reparaître. « Qui que ce soit, même les parents, n'oseraient leur donner asile dans leurs « maisons. On regarde comme mort celui qui a subi ce supplice infâme. »

CHAPITRE II

CHEZ LES CHINOIS

Le bâton en Chine. — Tableaux d'un tribunal chinois. — Sentence et
correction. — Les vingt mille mandarins. — Comme quoi il est imprudent
de donner un conseil au fils du Ciel. — Le cheval du roi de Tsi. — La
liberté de la presse en Chine. — L'estampille du livre. — Moyen d'échapper
à la bastonnade. — Un article du Code pénal des Chinois. — Il ne faut
pas désespérer du temps.

I

Si le bâton est employé chez les divers peuples de la
terre à des usages différents, on peut dire que chez tous
il a été de tous les temps un moyen de correction des
plus usités. Il semble que Dieu, en créant l'humanité, l'a
vouée au supplice du bâton.

La Chine est la nation où cet instrument de justice et
d'arbitraire a toujours exercé, et même exerce encore,
le plus d'empire.

Chez ce peuple, tous les châtiments commencent par
la bastonnade ; il n'y a personne qui ne l'ait reçue au
moins une fois dans sa vie. Nul n'en est à l'abri, pas
même le mandarin de l'ordre le plus élevé. Ce qui a fait

écrire avec bien juste raison, à un missionnaire, que le
bâton gouverne la Chine (1) !

Depuis quelque temps, la législation y a introduit un
notable adoucissement à cette pratique. Quand le juge
ordonne cinq coups, le coupable n'en reçoit que quatre,
conformément à cet axiome chinois qui n'est pas à dé-
daigner : « Lorsqu'on fait des lois, la rigueur est néces-
« saire ; lorsqu'on les applique, la miséricorde ne l'est
« pas moins. »

II

Un grave mandarin est sur son siége. Devant lui est
une table où sont étalés une douzaine de bâtons.

Semblable au duumvir romain, il a derrière lui ses
implacables licteurs, tous armés de bambous ou de
bâtons.

L'accusé attend la sentence.

Pas n'est besoin au magistrat d'un arrêt motivé. Si
l'accusé est coupable, et suivant son degré de culpabi-

______

(1) La loi chinoise fixe ainsi la dimention des divers bâtons ou bambous :
le bâton pour les fautes graves doit avoir 80 c. de longueur sur 40 c.
d'épaisseur ; le bambou pour les fautes légères et pour les femmes est fixé
à 70 c. de longueur et 2 c. d'épaisseur. Pour les femmes, la peine du
bâton est ordinairement convertie en celle du bambou.

lité, il jette à terre un certain nombre des bâtons placés
devant lui, et aussitôt les officiers de justice saisissent le
condamné, lui mettent culotte bas et lui administrent,
consciencieusement, cinq coups pour chaque bâton
jeté à terre. On change l'exécuteur de cinq coups en
cinq coups, ou plutôt deux exécuteurs frappent alternativement, afin que les coups soient plus pesants et le
châtiment plus rude.

Lorsque la faute est légère, le mandarin peut laisser
au condamné la faculté de louer quelqu'un pour recevoir les coups à sa place. Dans cet empire fantaisiste, il
n'est pas rare de voir, à la porte des tribunaux, des
gens qui exercent cette profession, — passablement
excentrique, — de recevoir des coups de bâton pour le
compte d'autrui.

III

Après la bastonnade, le patient est tenu de se mettre
à genoux, de baisser trois fois le front jusqu'à terre et
de remercier, et le mandarin son juge, et les licteurs
exécuteurs de la sentence.

Dans les grands tribunaux, cette condamnation équivaut quelquefois à la peine de mort. Il ne faut guère
que cent coups de bâton pour expédier un fils du Soleil.

IV

Un mandarin ne sort jamais sans être accompagné de ses licteurs. Si l'on oublie de mettre genoux à terre quand il passe, on est bien sûr que cinq ou six coups de bâton, lestement appliqués par les licteurs, vous puniront de suite de votre distraction.

On peut se faire une idée du nombre de bâtons suspendus continuellement sur le dos des fils du Soleil, quand on songe que dans cet empire, où règne le fils du Ciel, il n'y a pas moins de quinze à vingt mille mandarins civils.

La Chine est le seul pays au monde où le bâton prime l'épée.

Un mandarin civil y jouit d'une plus grande considération qu'un mandarin de guerre. Ce dernier marche souvent à pied, quelquefois à cheval, tandis que l'autre ne sort jamais que dans une chaise portée par quatre hommes.

V

L'empereur lui-même, malgré sa qualification de *fils du Ciel,* ne sort jamais sans tenir à la main l'instrument traditionnel de la justice chinoise, et, comme pour donner le bon exemple, il se plaît souvent à le faire fonctionner.

Quoiqu'étant le despote le plus absolu de la terre, il a son conseil d'État ; seulement, si un conseiller, quelque grand qu'il soit, lui fait une remontrance qui ne soit pas de son goût, le monarque du Céleste Empire le bâtonne bel et bien.

On trouve pourtant des conseillers que la peur du bâton n'a pas empêché de faire des remontrances au fils du Ciel. En voici un exemple :

VI

Kin-Kong, roi de Tsi, avait un cheval auquel il attachait beaucoup de prix. Ce cheval mourut par la faute de l'homme chargé de le soigner. En apprenant cette mort, Kin-Kong court sur le palefrenier le bâton levé... mais un de ses ministres, témoin de cet emportement, lui arrête le bras.

« Qu'allez-vous faire, dit-il courageusement au souverain, voulez-vous frapper cet homme sans qu'il soit instruit de la gravité de sa faute?...

— Eh bien ! faites la lui connaître, et qu'il se prépare à recevoir cent coups de bâton. »

Le ministre dit alors au palefrenier :

« Malheureux, voici tes crimes.... écoute-les bien : premièrement tu as été cause de la mort de ce cheval, toi que le prince avait chargé de le bien soigner ; ce délit mérite la mort. En second lieu, tu es cause que mon prince, pour avoir perdu son cheval, s'est irrité jusqu'à vouloir te frapper ; voilà un second crime encore plus grand que le premier. Enfin, tous les princes et tous les États voisins vont savoir que mon prince a tué un homme pour venger la mort d'un cheval. Le voilà perdu de réputation, et c'est ta faute, malheureux, qui traîne après elle toutes ces suites.

— Laissez-le aller, dit Kin-Kong, je lui pardonne. »

VII

En Chine, la liberté de la presse est complète. Les hommes de lettres n'y sont jamais soumis à une mesure de prévention ; seulement il est utile d'observer la maxime de Figaro : « Ne rien dire contre qui ni contre quoi que ce soit. » Celui qui se permet le moindre trait satirique, une nouvelle un peu hasardée, est mandé de suite devant le mandarin, qui lui fait administrer la bastonnade.

Une fois cette correction appliquée, l'écrit peut circuler à son aise dans tout l'empire du Soleil.

Le bâton est l'estampille du livre que l'auteur reçoit sur son dos.

Si le nombre de coups ne dépasse pas vingt, — pour quelque délit que ce soit, — ils n'impriment aucune tache et sont regardés comme une correction paternelle (1).

Comme dans tout gouvernement féodal, la loi chinoise ouvre une large porte à l'arbitraire, dont le bâton se fait presque toujours le digne auxiliaire. On peut en juger par cet article de son Code pénal :

« Quiconque est coupable de mener une conduite *in-convenante* et contraire à *l'esprit des lois*, sans avoir toutefois violé un article spécial, sera passible de quarante coups de bâton pour le moins ; mais si *l'inconvenance est d'une nature grave*, il recevra quatre-vingts coups. »

Au moyen de cette définition ambiguë, tout magistrat peut bâtonner ou faire bâtonner suivant son caprice. Les pauvres Chinois n'ont pas même la faculté de porter plainte, car l'inévitable bastonnade est toujours donnée à ceux qui demandent justice, — pour leur apprendre à ne point importuner la cour.

Au commencement de notre histoire, le clergé obéissait à une loi à peu près semblable.

L'article 3 d'un capitulaire de Pépin le Bref, de l'an

---

(1) En pareil cas, c'est le bambou qui fonctionne. Suivant l'esprit du code, le bambou est destiné à réveiller chez le coupable le sentiment du repentir et à exciter un salutaire retour sur lui-même. On ne peut être plus paternel.

755, ordonne de punir de la bastonnade « tout ecclésiastique ou tout moine qui osera se plaindre de son évêque. »

Si cette loi était encore en vigueur, que de mauvais prêtres seraient souvent exposés à recevoir du bâton!

VIII

De nos jours, la civilisation, partie de l'Occident, tend à soumettre à son joug humanitaire toutes les nations asiatiques. La Chine aussi deviendra sa conquête. Ce peuple, qui depuis quatre-vingt-seize millions d'années — suivant ses annales — supporte avec résignation ce régime paternel du bâton, a même commencé sa petite révolution sociale.

Il ne faut pas désespérer de l'avenir.

CHAPITRE III

LE GRAND JUSTICIER

Le beau idéal d'un gouvernement absolu. — La justice à la turque. — Ce que rendent à un juge les coups de bâton. — Islamisme et civilisation. — Quel beau pays que l'Orient pour la profession de monarque. — Le Père Lobo chez l'empereur d'Abyssinie. — En Russie, knout et battock. — Une aventure de Mourawief. — Le mariage par le bâton. — La force de l'habitude. — En Amérique, l'ignorance et l'esclavage. — Le bâton sauve de la mort.

I

On ne peut feuilleter l'histoire des législations anciennes et modernes sans voir le bâton servir partout d'instrument principal de supplice et devenir ainsi le grand justicier des nations. Nous allons donc continuer à passer en revue ses faits et gestes chez la plupart des peuples.

Voici d'abord la Turquie :

Ce pays est tellement soumis au Bâton, c'est-à-dire au Pouvoir absolu, dont son gouvernement est le beau idéal, que, depuis le grand vizir jusqu'au pacha, tout ce qui exerce une autorité peut bâtonner suivant son caprice.

14

Il n'est pas jusqu'à la grande maîtresse du harem (la kehayacadine) qui n'ait un bâton pour marque de son pouvoir. Même les blanches épaules des odalisques ne sont pas toujours à l'abri de ses coups.

Comme chez les Chinois, la législation chez les Turcs a donc conservé le bâton traditionnel, et le considère aussi comme la plus efficace des corrections. La seule différence, c'est que chez ces derniers cette peine est moins générale et plus expéditive. *La justice à la turque* est devenue proverbiale; elle ne laisse jamais languir les plaideurs : le pacha leur fait distribuer à sa fantaisie des coups de gaule sous la plante des pieds, et les renvoie chez eux.

Cette manière de procéder entretient la Crainte (1), la meilleure auxiliaire du bâton.

II

Les Turcs se sont toujours distingués par leur caractère antisociable. Ils sont naturellement barbares dans

---

(1) Si le bâton a, de tous les temps, symbolisé le Pouvoir, il a surtout symbolisé la Crainte. De même que, s'il est synonyme de commandement, il est aussi synonyme d'esclavage. — Les païens, élevant des temples aux Furies armées de fouet, expriment combien la Crainte a toujours eu de puissance sur le faible esprit des mortels. — Xerxès, jetant des chaînes dans la mer et frappant avec orgueil les flots de son bâton, ne semble-t-il pas exprimer que chaîne et bâton sont également synonymes?

leurs châtiments. Ce qui peint bien les instincts de barbarie de ce peuple, c'est que la validé-sultane ne donne
à son fils que le nom de mon lion (*azslanem*) ou mon
tigre (*caplanem*). Voici comment un écrivain du commencement de ce siècle dépeint la bastonnade dans l'empire ottoman :

« Le patient est attaché à un pieu la tête en bas ; on
le frappe avec un bâton sur les pieds et sur le dos, on
lui donne quelquefois cinq cents coups, l'ordinaire est
cent coups. Le juge est présent à l'exécution et compte,
sur son chapelet à la turque, le nombre des coups. Après
l'exécution de la sentence, il se fait payer de sa peine :
une piastre pour chaque coup de bâton ! ! ! »

Malheur au pauvre supplicié, quand le juge est cu-
pide ! Et l'on sait que la cupidité n'est pas le moindre
défaut des juges turcs ! L'amour du lucre et l'abus du
bâton leur ont ôté l'idée de la dignité humaine, aussi
ils ne respectent pas plus l'honneur que la vie de leurs
justiciables.

III

Disons cependant que depuis une trentaine d'années
l'empire ottoman tend à s'affranchir du régime dégradant qui, depuis tant de siècles, compose son Code pénal.

Mais combien d'années faudra-t-il encore pour que l'idée émancipatrice, qui fomente en Europe, délivre enfin la Turquie du joug odieux des grands vizirs et des pachas?? Hélas! peut-être jamais! — Le problème de sa régénération est insoluble. Entre l'islamisme et la civilisation occidentale, il y a un abîme.

Si la Russie s'empare un jour de Constantinople, les Turcs n'auront fait que changer de bâton.

I V

Quel beau pays que l'Orient pour la profession de monarque!!! Jouir d'une autorité sans borne, exercer une tyrannie que légalement rien n'arrête, être maître de la vie et des biens de ses sujets, inspirer, même à ses courtisans et à ses ministres, la terreur et la vénération, et n'avoir pas à redouter, comme les monarques de l'Occident, qu'une révolution sociale brise votre sceptre!... n'est-ce pas l'idéal de la royauté?...

Que dis-je? les descendants de Nemrod jouissent en Orient de bien d'autres prérogatives. Les plus hauts personnages tiennent à honneur de peupler leur harem. Nul n'a jamais songé à critiquer leurs actes, nul n'oserait regarder à travers le mur de leur vie privée...

Comme devant la majesté divine, tout homme qui

est admis en leur présence doit s'humilier à leurs pieds.

N'ai-je pas eu raison de dire : « Quel beau pays que l'Orient pour la profession de monarque ? »

V

Le Père Lobo raconte qu'ayant eu à parler à l'empereur d'Abyssinie, il demanda à être introduit auprès du monarque. Cette demande lui fut de suite accordée. A peine entré, il voit venir à lui deux grands gaillards qui, sans mot dire, se mettent à le bâtonner rudement... Le missionnaire se récrie ; mais les bourreaux, dont l'un le tient par le bras, n'en frappent que plus fort...

Tout à coup une porte s'ouvre, le prince paraît, et le bâton cesse de fonctionner.

« Pourquoi ce traitement barbare ? s'écrie le pauvre Père tout contusionné.

— Vous l'avez mérité, lui est-il répondu. En prononçant tantôt le nom de l'empereur, vous auriez dû toucher la terre de la main ; il faut que le monde sache qu'on doit s'humilier en face de notre roi. »

VI

On sait que, chez les Russes, c'est le knout qui est en faveur particulière. Aujourd'hi, ce genre de supplice est moins usité, mais le bâton proprement dit y a conservé tous ses droits. Seigneurs, gentilshommes et Maîtres, pour le moindre sujet de mécontentement ou pour la moindre faute, peuvent frapper, sans autre forme de procès, ceux qui leur sont subordonnés.

Cette bastonnade s'appelle *battock*. L'esclave ou le paysan qui la reçoit doit, l'exécution finie, baiser la main et le genou ¸de celui qui l'a ordonnée, toucher la terre avec le front, et le remercier de ce qu'il ne l'a pas fait bâtonner davantage.

C'est ainsi qu'autrefois, à Sparte, on donnait le plus souvent possible des coups de bâton aux esclaves, afin qu'ils n'oubliassent pas leur servitude.

VII

On assure que le terrible Mourawieff était entre autres un grand donneur de coups de bâton.

Un jour, voyageant seul dans les environs de Moscou,

il descendit, après plusieurs heures de marche, dans un *cabac* d'assez pauvre aspect. Le maître de l'auberge avait l'air non moins pauvre, mais fort avide. A la vue du beau cheval de son hôte, — un vrai fils de l'Ukraine, — sa bosse d'acquisivité éprouva des démangeaisons singulières.

Profitant du moment où les vapeurs du *rotchi* égayaient l'humeur de Mourawieff, il lui dit :

« Votre cheval, je le veux, mon hôte?

— Insolent, répondit Mourawieff, tu veux me voler mon cheval?

— Non, mais vous l'acheter.

— Toi, m'acheter une si noble bête?... Eh bien! oui! je veux te la vendre, et même j'exige que tu m'en donnes le prix que je t'en demanderai.

— Et combien?

— Combien?... trente coups de bâton!

— Ah! ah! c'est drôle. Ça me va,» dit l'aubergiste, qui croyait à une plaisanterie d'homme ivre.

Le lendemain, il selle le cheval de son hôte, qui se prépare à partir, et le lui amène.

« Ce cheval est à toi, lui dit Mourawieff.

— A moi, répond le maître du cabac, qui avait oublié la scène de la veille.

— Seulement, tu vas me le payer... Allons, à genoux... C'est trente coups de bâton que tu me l'as acheté...

— Par pitié, dit le pauvre aubergiste en s'agenouillant, épargnez-moi dix coups ; le bâton est si lourd...

— Allons, je te fais grâce de dix coups. »

Il se met à sangloter.

« Encore dix coups... ma pauvre femme... mes enfants...

— Hum, hum, il ne t'en reste que dix à me payer.

— Je vous en supplie, restons à cinq... vous avez l'air
d'avoir une poignée solide... et votre œil me fait peur.

— Eh bien! cinq... pas un de moins, drôle, en place. »

L'aubergiste courbe l'échine, et Mourawieff, levant et
rabaissant le bâton de toutes ses forces, compte :

« Un... deux... trois... quatre... »

Il fait mine de le lever un cinquième, mais il le jette à
terre, et montant aussitôt à cheval :

« Adieu, je te donnerai à mon retour le cinquième
avec mon cheval. »

VIII

Chez les paysans russes, lorsqu'une jeune fille se
marie, son père, armé d'un bâton, demande au futur s'il
veut prendre sa fille pour sa légitime épouse. Si la
réponse est affirmative, le père fait faire trois tours à
son enfant, et lui appliquant, à chaque tour, trois coups
de bâton sur les épaules, il lui dit :

« Ma chère fille, voici les derniers coups que vous
recevrez de la tendresse paternelle; à dater de ce jour,
je résigne mon autorité à votre mari. »

Après ces mots, il présente son bâton au futur, qui,

par politesse, refuse ou plutôt fait semblant de refuser
de le prendre.

« Votre fille n'aura jamais besoin de cette correction,
répond-il galamment, je n'en ferai jamais usage.

— Prenez, prenez toujours le bâton, insiste le père;
quand je me mariai, je fis la même réponse que vous, ce
qui ne m'a point empêché d'en user souvent. »

Le mari s'empare alors du bâton, la jeune femme fait
une révérence en signe de soumission... et la cérémonie
est terminée.

IX

Rien n'est absolument contraire à la nature dans les
lois d'un Etat ; les coutumes les plus antiraisonnables,
les plus inhumaines s'y perpétuent, sans qu'on ose rien
faire pour les détruire. — L'homme est un animal d'habitude.

La servitude volontaire, chez les hommes comme chez
les animaux, est la plus grande preuve de la force de
l'habitude et de son étendue. Les animaux, accoutumés
au joug, s'y prêtent d'eux-mêmes ; les peuples, accoutumés à l'esclavage, ne cherchent pas même à connaître
les avantages de la liberté.

J'ai lu que le principal châtiment des criminels chez les
paysans de la Livonie était la bastonnade. Ces malheureux

se laissaient bâtonner sans murmurer. En 1582, Étienne Barthori, roi de Pologne, leur fit offrir de les délivrer de cette tyrannie et de la changer en légères amendes. Les paysans ne purent souffrir une proposition qui détruisait l'ancienne coutume. Ils supplièrent très-humblement le roi de ne pas supprimer les coups de bâton.

Autre exemple de la force de l'habitude :

On sait ce qu'il advint en France lorsque le ministre Saint-Germain voulut remplacer, par des coups de plat de sabre, les coups de bâton usités alors dans les armées. Les soldats s'y étaient si bien accoutumés, qu'ils furent sur le point de se révolter, et que le ministre dut renoncer à cette innovation.

La Russie est un des pays du monde où le despotisme sera le plus long à déraciner. Les millions de paysans qui, dans ce vaste empire, vivent sous le régime du bâton, n'auront peut-être jamais assez d'énergie pour secouer le joug des nobles et des seigneurs.... Ils resteront esclaves de l'habitude.

X

En Amérique, la peine du bâton tend à disparaître avec l'esclavage des nègres.

Espérons donc que bientôt, dans aucun pays de la

terre, l'humanité ne sera plus affligée par ce spectacle révoltant de l'être humain traité comme un animal domestique.

Nous, Français, chez qui les idées de liberté et d'égalité semblent innées, nous ne pouvons guère nous figurer ce que c'est qu'un esclave, et nous nous demandons par quel moyen un seul homme peut en soumettre des milliers.

Ce moyen, c'est l'ignorance!!!

Pour obtenir l'esclave, il est indispensable de détruire chez lui tout germe d'intelligence. Asservir son corps... ce n'est pas assez... il faut abrutir son esprit. Dans quelques États, un maître qui apprendrait à lire et à écrire à son esclave serait puni sévèrement. Il y a des lois protectrices des animaux ; il n'y a pas de lois protectrices de l'esclave ! le maître a même le droit de le tuer.

La seule sauvegarde de l'esclave est la cupidité du maître. Le nègre, ayant une valeur intrinsèque, le blanc nuirait à ses intérêts en le tuant ou en lui infligeant une correction qui l'empêchât de travailler.

Or, pour punir l'esclave sans nuire à sa cupidité, le maître a choisi le bâton, car le jour où il a reçu la bastonnade, le pauvre nègre peut reprendre sa tâche.

Voilà comment le grand justicier, si souvent cause de mort, peut devenir une cause de vie.

CHAPITRE IV

L'AUTORITÉ SPIRITUELLE DU BATON.

La fustigation cléricale et abbatiale. — Les fustigés illustres : Godescal
Henri II, Louis VIII, Raymond VI) — A quoi fut condamné Paul Olivar
pour avoir nié les peines de l'enfer. — La flagellation volontaire. — L
fanatisme. — Les flagellants. — Henri III. — La discipline dans le
couvents. — Le bon Pasteur se sert du bâton pour diriger ses brebi
et non pour les frapper.

I

En France, où le bâton fut toujours un signe de pou
voir, de propriété ou de possession, la bastonnade n'a
point laissé de trace. Nos lois, au contraire, ont toujour
sévi contre celui qui se servait de cette espèce d'arme

Il n'en est point ainsi des lois religieuses. Pendan
des siècles, toute l'Europe catholique a été soumise à
l'autorité spirituelle du bâton.

Les évêques s'étaient arrogé le droit de bâtonner les
clercs; les abbés, les prieurs et les moines. Les laïques
même n'étaient pas à l'abri de cette correction, que leur
administraient les prêtres pénitenciers avec les verges
que le pénitent devait lui-même leur apporter et leur

présenter. Les théologiens de l'époque voulaient que rien ne fût plus efficace que la fustigation cléricale et abbatiale pour la rémission des péchés et la sanctification des âmes.

II

Au xe siècle, des canons très-spéciaux exemptèrent de la fustigation abbatiale les moines, les prêtres et les diacres ; ce qui n'empêcha pas le moine Godescalc de la subir en grand appareil, en présence de Charles le Chauve et de l'évêque Otger, en vertu d'un jugement du pape Jean XII.

Au xiiie siècle, cette peine fut ordonnée par divers conciles, spécialement contre les hérétiques.— Elle était mise à exécution contre ces derniers, lorsqu'il n'était pas encore d'un usage plus habituel de les brûler vifs.

Tout gentilhomme et tout roturier qui avaient enfreint les décrets de l'Église étaient fatalement condamnés à la bastonnade. Cette peine était alors si commune et si accréditée, qu'on la voit, à cette époque, en usage même à la cour.

Ainsi, tandis que le bâton féodal accomplissait ses prouesses sur le dos des serfs et des paysans, le bâton clérical, de son côté, exerçait son autorité spirituelle et temporelle sur celui des seigneurs, des princes et des rois. — C'était justice !

III

Depuis saint Louis, qui se laissait fustiger par ses confesseurs par esprit de mortification, jusqu'à Henri IV, qui, après avoir abjuré, reçut publiquement à Rome, du pape Clément VIII, l'absolution à coups de bâton, — sur les épaules de ses deux ambassadeurs, les cardinaux Duperron et d'Ossat, — que de princes, y compris Henri II, roi d'Angleterre, et Louis VIII, fils de Philippe-Auguste, qui se sont dévotement et lâchement courbés sous l'autorité spirituelle du bâton !

C'est ainsi que Raymond VI, comte de Toulouse, suspecté d'hérésie, fut battu de verges publiquement, à la porte de Saint-Gilles, à Valence, d'après le jugement et par les mains d'un légat du pape.

Au xviii siècle, l'autorité ecclésiastique employait encore ce moyen de conversion. C'est dans le saint tribunal de la sainte Inquisition que la peine du bâton était principalement en honneur. Elle était souvent précédée de la confiscation des biens du pénitent, — au profit du Saint-Office, — ce qui n'était pas le moindre motif de sa fréquente application.

IV

Nous lisons dans les Mémoires de Bachaumont :

« Le 24 novembre 1778, le tribunal général de l'Inquisition tint un acte secret, dans lequel comparut Paul Olivarès, accusé d'hérésie. Ayant été déclaré hérétique dans toutes les formes, il se présenta, en cette qualité, tenant en main une torche de cire verte et surchargé de la croix de Saint-André. Il fut condamné :

« A la confiscation de tous ses biens!!!

« A huit ans de clôture dans un couvent, pendant la première année desquels il devra jeûner le vendredi, si sa santé le lui permet : ce qui sera remis à la décision d'un directeur éclairé, qu'on lui nommera pour le fortifier dans la pratique de ces exercices et l'instruire de la religion chrétienne.

« Il lui fut enjoint de faire régulièrement ses prières du matin et du soir, de lire le *Guide des pécheurs* du R. P. Louis de Grenade, de réciter tous les jours, à genoux, le rosaire et un *Credo*.

« Il fut déchu de tous titres et charges, et déclaré incapable d'en posséder jamais aucun.

« Défense lui fut faite d'user à l'avenir de vêtements de soie, de velours, de tissus d'or et d'argent, ni de galons, et de porter des pierreries.

« Ordre lui fut donné de s'habiller en drap jaune du plus commun.

« Défense également de monter à cheval, ni de porter des armes. »

V

En sa qualité d'hérétique, le pauvre Olivarès dut faire une abjuration solennelle. Il fut absous de l'excommunication et réconcilié suivant toutes les formalités prescrites par les saints canons.

A cet effet, quatre prêtres en surplis, chacun armé de bâton, se présentèrent devant l'accusé, dont les épaules mises à nu reçurent la spirituelle fustigation pendant tout le temps que dura le psaume *Miserere*, récité par l'assistance.

Le *Miserere* fini, les prêtres cessèrent de frapper.

Olivarès dut faire alors sa profession de foi. On l'interrogea sur plus de trente articles de croyance ; mais ses réponses, paraît-il, n'eurent pas le don de satisfaire le saint tribunal, qui ne tarda pas à prononcer la terrible sentence :

Nous le déclarons atteint et convaincu d'hérésie.

A ces mots, le malheureux fustigé tomba sur sa sellette, versant des larmes et poussant des gémissements, *qui firent bien augurer de son repentir.*

Les erreurs d'Olivarès étaient assurément des plus extravagantes et méritaient bien la bastonnade, la confiscation et le cloître :

Il avait été convaincu de ne croire, ni au sixième commandement, ni aux peines de l'enfer, ni au purgatoire, et... crime plus abominable encore... d'avoir entretenu des relations avec J.-J. Rousseau et Voltaire, autant dire avec le diable.

VI

Étrange anomalie ! Les lois religieuses, qui devraient être les plus miséricordieuses, ont longtemps été les plus inhumaines. C'est ainsi que nous voyons la plupart des fondateurs de monastère inscrire la flagellation dans leurs instituts. On trouve cette correction, dès l'an 508, dans une règle donnée par saint Césaire d'Arles. Les Pères de l'Église croyaient fermement alors à l'efficacité du bâton dans la vie religieuse. Non-seulement ils voulurent que les moines fussent bâtonnés, mais, dans le IXe siècle, nous voyons plusieurs grands saints, tels que saint Dominique, donner l'exemple de la flagellation volontaire.

Dès lors, de l'Orient à l'Occident, on se mutila par

esprit de dévotion. Des milliers de moines faisaient ainsi l'apprentissage, sur leur propre dos, de cette correction ecclésiastique, qu'ils appliqueraient un jour avec tant d'ardeur sur le dos des laïques impénitents.

Le fanatisme religieux ne mit bientôt plus de borne à cette pratique insensée : on ne croyait pouvoir racheter les pénitences, imposées par les canons, autrement que par des coups de verge.

Cette manie donna naissance à cette secte de pénitents, devenus fameux dans le XIIIᵉ siècle, sous le nom de *flagellants*, et dont la profession consistait à se flageller en public.

VII

Un certain Rainier, dominicain, touché des maux de l'Italie, imagina cette pénitence pour désarmer la colère de Dieu. Les sectateurs de ce moine allaient en procession, le corps nu depuis la ceinture jusqu'à la tête. Ils portaient une croix d'une main et un fouet de l'autre. Ils se flagellaient avec tel enthousiasme, que le sang jaillissait de leurs épaules. Des prêtres marchaient devant eux et les excitaient de la voix, et même leur montraient l'exemple. Cette folie se répandit dans toute l'Europe, mais elle ne s'établit point en France : ce qui n'empêcha pas la discipline d'y fonctionner à huis clos et publiquement.

« En 1551, est-il dit dans les *Essais historiques sur Paris*, on vit le roi Henri III, le chancelier, les courtisans et les ministres, marchant deux à deux dans les rues de Paris, couverts d'un grand sac, ceints d'une grosse corde et tenant chacun une discipline à la main pour se flageller les épaules. »

VIII

Dans plusieurs villes de la Provence, Avignon, Marseille, Toulon, il existe encore de nombreuses confréries dont les instituts portent la discipline obligatoire. Ces modernes pénitents vont bien encore en procession dans les rues, le visage encapuchonné et la corde à la ceinture ; mais ils ne donnent pas le spectacle honteux et ridicule de la flagellation. Au lieu d'une discipline, ils tiennent à la main une sébille ou un bassin et font la quête pour les prisonniers.

C'est leur manière, à eux, d'honorer la Divinité.

IX

Le bâton pénitentiel n'a pourtant point encore disparu tout à fait des usages monastiques. Dans les profondeurs des cloîtres, il est encore des êtres timorés qui se meurtrissent et se déchirent le corps avec le cilice et la discipline, comme si pour régénérer une âme il fallait autre chose que l'Amour, la Prière et la Charité.

C'est dans les couvents de femmes que la flagellation volontaire est plus généralement pratiquée.

Et je plains de tout mon cœur ces jeunes filles qu'un sort fatal a condamnées au cloître et qui, pour obéir à une règle barbare, se donnent des coups de verge en expiation de péchés illusoires.

Nous ne sommes pas dans les secrets de la vie contemplative, mais il nous semble que par ces pratiques inhumaines, ces mutilations fanatiques, on offense Dieu bien plus qu'on ne l'honore.

C'est ainsi que chez les païens des prêtres se déchiraient le corps pour se rendre les dieux favorables.

Espérons que, grâce au progrès du temps, toutes les pratiques superstitieuses ou inhumaines du bâton disparaîtront de tous les pays civilisés, comme ont disparu la torture et l'Inquisition.

X

Aujourd'hui, les lois de l'Église ne sont plus violentes, en sont-elles plus mauvaises? La tolérance de nos prêtres est-elle moins efficace que le rigorisme des prêtres d'autrefois?

C'est par la douceur qu'il faut chercher à ramener

au bercail les brebis égarées ! Le bon Pasteur ne se sert du bâton que pour les diriger et non pour les frapper !

Il en est de même pour l'enseignement. L'instruction est-elle moins répandue, plus difficile, aujourd'hui que, dans les colléges et les écoles, on ne l'inculque plus aux enfants avec la férule et le fouet ?

Le fouet !!! encore un instrument de correction qui fait honte à l'humanité.

CHAPITRE V

LE FOUET

Comment on l'appliquait aux nobles. — Le fouet en Angleterre.
— Le cat-o'-nine-tails. — Les juges à bâton traînant.

I

La peine du fouet remonte aussi à la plus haute antiquité. Les Hébreux, les Grecs, les Romains en faisaient
un fréquent usage ; les seigneurs même n'en étaient
pas exempts, — mais il y a toujours eu des priviléges
pour les grands : — Artaxerce Longue - main ordonna
que, pour punir les nobles, leurs habits seuls seraient
fouettés.

La peine du fouet a toujours régné et règne encore
dans l'Asie et dans l'Afrique. L'Europe l'a introduite
en Amérique avec la traite des noirs, et c'est là qu'elle
exerce aujourd'hui le plus de cruauté.

En voyant, depuis le commencement des sociétés, les

dominateurs de la terre créer des châtiments exécrables, on se demande si le génie de l'homme pour le mal a une limite.

Entre toutes les peines inventées par la barbarie humaine, celle du fouet est la plus révoltante, la plus dégradante, et pourtant nous la voyons figurer dans les lois comme dans les usages de tous les peuples. Que de gémissements cet affreux auxiliaire du bâton a arrachés et arrache encore tous les jours, depuis le nègre de l'Orient jusqu'au serf de l'Occident, — soit que la loi ou le caprice arme le bras du chef d'esclaves ou le bras du maître qui tient des serfs sous son joug!

II

Depuis 1789, on ne fouette plus en France. La Révolution, qui avait brisé le bâton, ne pouvait y laisser subsister le fouet. Cette peine, que la France a effacée de son Code comme contraire aux droits de l'humanité, devrait disparaître également du Code de toutes les nations civilisées. Il n'en est point ainsi ; même en Angleterre, le fouet est encore en honneur... ou plutôt en horreur.

Voici un tableau affaibli de ce supplice tel qu'il se pratique aujourd'hui à Londres :

Un homme à moitié dépouillé de ses vêtements et les

mains liées est attaché à un poteau. Ce malheureux va subir la peine du fouet.

Un shérif et un médecin sont à côté de lui.

En face de lui est le bourreau.

Le médecin est chargé de mesurer le nombre de coups à l'énergie physique du patient.

Le shérif a pour mission de dresser le procès-verbal de l'exécution.

Le bourreau attend le signal...

Il tient à la main un bâton au bout duquel pendent neuf courroies ayant chacune un gros nœud à son extrémité.

Ce bâton s'appelle *cat-o'-nine-tails* (chat à neuf queues).

Soudain un cri épouvantable retentit!..

C'est le condamné qui vient de recevoir le premier coup!

Rien d'horrible comme ce qui se passe alors : chaque coup, en tombant sur l'épaule du supplicié, lui enlève des lambeaux de chair... Les coups se succèdent lentement, par intervalles égaux... Le sang ruisselle sur ce cadavre déchiré!!!

L'homme ne crie plus, il hurle... Bientôt les forces le trahissent, le hurlement expire sur ses lèvres... il soupire faiblement... il râle!!...

Mais le médecin est là, il tient le bras du patient, tâte le pouls, en compte les pulsations... Et quand il comprend que la vie va s'échapper du corps pantelant, il fait signe au bourreau de cesser de frapper,

L'homme le plus robuste ne peut endurer plus de vingt-cinq coups du terrible *cat-o'-nine-tails*.

III

Il appartenait aux Anglais d'appeler de ce nom fantaisiste : *queue de chats !* l'instrument de supplice dont la seule pensée inspire l'horreur et le dégoût. Mais l'Angleterre a toujours eu une prédilection pour les justices sommaires, dont le bâton est la plus frappante expression. Aussi ce symbole de la force brutale a toujours fait partie de ses lois criminelles. Edouard Ier avait créé des juges *à bâtons traînants* pour sévir contre les violateurs de la paix publique. Ces magistrats exécutaient eux-mêmes sommairement, par une bastonnade bien sentie, la sentence qu'ils avaient prononcée.— Ils étaient tenus de ne jamais sortir sans avoir leur bâton pendu à la ceinture, et, quand ils jugeaient, ils devaient le tenir à la main.

Ces juges n'existent plus, mais la crainte qu'inspirait leur bâton est restée. Aujourd'hui, quand un tumulte se produit dans la rue, les officiers de police n'ont qu'à montrer une baguette, insigne de leur pouvoir, et tout rentre dans l'ordre.

C'est que cette baguette fait songer à la *queue de chat.*

CHAPITRE VI

LA BASTONNADE LITTÉRAIRE

Une loi de Sylla. — La crainte du bâton. — Le poëte Roi et le comte de
Clermont. — Beaumarchais chez les lazaristes. — Rendons grâces aux
dieux !...

I

Nous avons vu le bâton, sous différents noms et sous
diverses formes, servir d'instrument à la méchanceté,
la sottise ou la superstition. Nous pourrions le montrer
aussi, dans les relations sociales, se faire le complice des
animosités et des vengeances particulières, ou exerçant
son autorité despotique à l'ombre du toit conjugal. Mais
ce serait trop long..., surtout le chapitre des femmes
fustigées par leur mari : car le rôle du bâton dans le mariage doit dater aussi des premières sociétés.

Après les femmes, — les êtres humains les plus bâtonnés furent les poëtes et les libellistes.

De tout temps et chez tous les peuples, on voit les écrivains persécutés, et c'est ce qui rend l'histoire si incertaine et si obscure.

« Quand on n'a pas la liberté de dire la vérité, a dit Montesquieu, on est toujours enclin à la trahir. »

C'est ce qui arriva trop souvent.

Sylla avait fait une loi qui punissait de mort les auteurs de libelles et les poëtes. Une autre loi, dont parle Horace au livre II de ses Épîtres, portait que quiconque oserait, dans ses vers, décrier un citoyen romain, serait puni de la bastonnade.

« Nos satiriques voyant cela, ajoute le flatteur d'Auguste, prirent le parti de changer de style, et, de crainte du bâton, ils se trouvèrent réduits à ne dire du mal de personne et à faire seulement des vers agréables. »

II

Cette crainte s'est perpétuée. Après comme avant Horace, nous voyons historiens et poëtes forcés de devenir les complaisants des princes et des seigneurs, de peur d'en être les victimes.

Quelques-uns, cependant, ne craignaient point — tout en faisant des vers agréables — d'exposer leur échine aux ressentiments du bâton, en disant hardiment la vérité.

Nous avons cité Jean de Meung, qui n'évita la bastonnade que par un trait d'esprit. C'est au contraire un trait d'esprit qui valut, sous Louis XIV, ce châtiment littéraire au poëte Roi.

Lorsque le comte de Clermont fut nommé de l'Académie française, nous apprend Bachaumont, la verve satirique de Roi s'alluma, et il décocha les vers suivants contre le nouvel élu :

> Trente-neuf joints à zéro,
> Si j'entends bien mon numéro,
> N'ont jamais pu faire quarante :
> D'où je conclus, troupe savante,
> Qu'ayant à vos côtés admis
> Clermont, cette masse pesante,
> Ce digne cousin de Louis,
> La place est encore vacante.

Le poëte paya cette méchanceté d'un nombre respectable de coups de bâton, dont il faillit mourir.

S'il s'était souvenu que M. le comte de Clermont était prince du sang, s'il n'avait trop oublié que ce prince du sang était aussi prince de l'Église, et pourvu de plusieurs bénéfices qui lui donnaient droit de porter le bâton abbatial, peut-être le malheureux Roi n'eut pas hasardé son épigramme.

III

Beaumarchais ne devait pas non plus échapper à la bastonnade promise aux poëtes par le vieil Horace.

Le *Mariage de Figaro* lui avait mérité la haine de Louis XV, qui le fit enfermer dans la prison de Saint-Lazare, où les *lazaristes* furent chargés de lui administrer, chaque matin, une ration de coups de verge bien sentis.

Cette mésaventure valut à Beaumarchais les honneurs du vaudeville et de la caricature. On le chansonna et on le peignit recevant la bastonnade de la main d'un religieux.

Bachaumont cite encore à ce sujet une chanson dont j'extrais les couplets que voici :

> Le public, qui toujours glose,
> Dit qu'il n'est plus insolent
> Depuis qu'il reçoit la dose
> D'un vigoureux flagellant.
>
> Un lazariste inflexible,
> Ennemi de tout repos,
> Prend un instrument terrible
> Et l'exerce sur son dos.
>
> Quoi ! c'est vous, mon pauvre Père ?...
> Dit *Figaro* ricanant,
> Qu'à nombreux coups d'étrivière
> On punit comme un enfant.

IV

M. Victor Fournel, dans son livre *du Rôle des coups de bâton dans l'histoire littéraire*, montre aussi la bastonnade comme un châtiment infligé autrefois aux poëtes, « de sorte que traiter quelqu'un en poëte se disait pour donner des coups de bâton ». C'est dans les dix-septième et dix-huitième siècles que **M.** Fournel trouve les victimes de cet *ultima ratio* des grands personnages de ce temps. Il ne cite pas moins de quatre-vingt-dix noms, parmi lesquels Voltaire, — qui reçut la bastonnade sur l'ordre et par les laquais de **M.** le duc de Sully. Si l'auteur eût remonté plus haut, il en eût trouvé des centaines. « Les poëtes, dit-il, furent sans doute les plus nombreux et les plus largement gratifiés dans ces distributions à coups de gaule. Mais ils ne furent pas les seuls... Sans nous occuper ici des petites gens, bourgeois, archers, artisans de tout genre, dont les coups de bâton étaient le pain quotidien, il nous sera facile de montrer que les gens de qualité ne s'épargnaient pas non plus entre eux. »

C'est encore une consolation de penser que les gentils-hommes se mesuraient parfois à la même aune.

V

Rendons grâces aux dieux. Les poëtes d'aujourd'hui ne redoutent plus les lois d'un nouveau Sylla contre la liberté d'écrire ; ils peuvent s'armer du fouet des Euménides, et frapper à coups redoublés, sans avoir à redouter le bâton d'un grand seigneur ou la verge d'un *lazariste*, et si, pour les traiter en poëtes, on ne leur donne pas encore des rentes, — on respecte leur libre pensée.

CHAPITRE VII

Le bâton d'Arlequin. — *Castigat ridendo mores.* — Le bâton de Robert
Macaire. — Le bâton de chef d'orchestre.

I

Après le rôle qu'il a joué sur la scène du monde, le
bâton ne pouvait faire moins que d'en jouer un au
théâtre. Après avoir servi à fustiger les omoplates de
l'humanité, il fallait enfin l'employer à fustiger ses
travers ; il fallait l'arracher des mains de gens de cour
et d'Église pour le mettre résolùment entre les mains de
ces réprouvés, de ces fils de Bélial... comme on appelait
alors les gens de théâtre.

Car c'est au théâtre que comparurent enfin, avec leurs
vices et leurs ridicules, les hypocrites et les faux dévots,
les tartufes et les avares qui devinrent ainsi, à leur
tour, les justiciables du bâton.

C'est l'éternelle loi du talion, à laquelle durent se soumettre gentilshommes et prélats, petits bourgeois et financiers.

II

C'est notre grand Molière qui, le premier, s'empara du bâton et le transporta sur la scène française. On sait assez comment il sut s'en servir en le mettant entre les mains de Scapin et de Sganarelle.

Vers cette même époque fit son apparition, sur le théâtre de la foire Saint-Germain, — en la personne de Dominique Biancolelli, — la désopilante batte d'Arlequin.

C'est de la Comédie italienne que nous est venu ce bâton philosophique, mais c'est à notre poëte Santeuil que nous devons le non moins philosophique *Castigat ridendo mores*, qui sert d'épigraphe à la vie du célèbre acteur italien.

III

Ce fameux *Castigat ridendo mores*, qui est devenu proverbe, réveille trop bien l'idée de châtiment attachée au bâton, pour que nous n'en citions pas l'origine.

Un jour, Dominique eut l'idée d'aller voir Santeuil, costumé avec ses habits de théâtre.

Son épée de bois à la main, son petit chapeau sur l'oreille, sa sangle à la ceinture, et couvert de son manteau rouge, il frappe à la porte de Santeuil qui composait en ce moment.

« Qui est là? » crie le poëte.

Dominique ne répond rien.

« Qui est là? » crie-t-il encore.

Toujours rien.

« Quand tu serais le diable, exclame le poëte impatienté, entre si tu veux... »

Dominique prend la balle au bond, jette brusquement son manteau rouge en arrière, met son masque et entre crânement.

Santeuil, à la vue de cet étrange personnage, reste stupéfié... L'acteur singe aussi l'étonnement, puis il se met à courir en lui faisant mille grimaces et en prenant les postures les plus bizarres. Puis... il se prend à lui donner de légers coups de son bâton.

Santeuil irrité riposte à coups de poing, que Dominique sait toujours éviter.

« Quand tu serais le diable, il faut que je sache qui tu es, exclame de nouveau Santeuil de plus en plus irrité.

— Qui je suis, prononce Dominique.

— Oui !

— Eh bien ! je suis le Santeuil de la Comédie italienne.

— Ah ! parbleu, si cela est, répond le poëte, moi je suis l'Arlequin de l'église Saint-Victor. »

Dominique, alors, lève son masque et ils s'embrassent.

Le célèbre Arlequin venait tout simplement prier Santeuil de lui faire des vers pour mettre au bas de son portrait. Ce poëte ne lui en fit qu'un seul : *Castigat ridendo mores;* mais ce vers passera à la postérité, comme le bâton qui l'a inspiré.

IV

Un autre bâton — de création toute française, celui-là — et qui a débuté au théâtre avec Frédérik Lemaître, c'est celui de Robert Macaire. Qui ne l'a vu, ce bâton à pomme dorée, non pas au théâtre de la Porte-Saint-Martin, mais à la Bourse, — cette autre scène où se joue chaque jour une comédie inqualifiable ; — qui ne l'a vu, tantôt souriant, tantôt majestueux, tantôt affairé, sous le bras ou à la main d'un Robert Macaire pour de vrai, et jouant son rôle de fripon avec ses poses inimitables ?

V

Un bâton, au théâtre, qui n'a jamais fustigé personne, et qui pourtant a toujours su se faire obéir, c'est celui de chef d'orchestre.

C'est le bâton, ou plutôt le sceptre, que ne peut se dispenser de tenir à la main ce souverain absolu, quand il veut faire régner la bonne harmonie dans ses États.

Pendant longtemps, dans nos théâtres, le bâton de mesure fut un simple rouleau de papier. Le chef d'orchestre de l'Opéra seul se servait d'un bâton véritable.

Depuis Gambert — le premier chef d'orchestre de notre Académie de musique, mort à Londres en 1677 — jusqu'à Georges Hainl, mort le 3 juin 1873, vingt-deux batteurs de mesure se sont succédé à l'Opéra. Tous ont tenu glorieusement le sceptre envié d'Apollon.

Lulli est le premier qui se soit servi d'un vrai bâton pour diriger l'orchestre.

Un jour, ne sachant comment donner la mesure aux musiciens de Louis XIV, il s'arma d'un long bâton avec lequel il frappait sur les planches. Ce bâton n'avait pas moins de six pieds.

Le bâton de mesure de Meyerbeer était en or massif.

VI

Aujourd'hui, les chefs d'orchestre ont tous le même sceptre... et si leurs bâtons de commandement n'ont pas les proportions de celui de Lulli, s'ils ne sont pas en or massif comme celui de Meyerbeer..., tous savent également faire régner le bon accord parmi les sujets soumis à leur domination.

LIVRE SIXIÈME

LA CANNE

CHAPITRE UNIQUE

MONOGRAPHIE DE LA CANNE

La canne au XIe siècle. — Sous Louis XIV. — La civilité et la canne. — Les gens de lettres. — Une leçon de sagesse. — Être rentier. — Les cannes célèbres. — Les cannes utiles. — La canne électrique. — Les cannes riches. — Ma canne. — La badine. — La plus fière des cannes. — L'égalité devant la canne. — Le sceptre de la France... aujourd'hui ! — La canne de M. Thiers et le bâton de M. le maréchal de Mac-Mahon.

I

Dans un livre consacré à l'histoire du bâton, la canne — ainsi nommée du roseau dont elle est formée — méritait au moins un chapitre.

La canne est le bâton égalitaire par excellence. Chacun a le droit de la porter ornée et décorée suivant son caprice. Elle n'est ni un signe de commandement, ni une marque d'autorité, ni un emblème de pouvoir, et si, malgré ses tendances pacifiques, elle frappe quelquefois, c'est que rien n'est parfait sur la terre, pas même le meilleur des bâtons.

II

L'usage de porter la canne remonte au xi⁰ siècle. Les dames d'alors s'en servaient comme objet de toilette. On voit, dans les *Chroniques de l'histoire de France*, que la reine Constance d'Arles (1), femme du roi Robert, en portait une surmontée d'un oiseau. Dans les siècles suivants, les dames négligèrent cet appendice de leur costume : c'est à l'éventail, aux bâtons incrustés d'or ou de pierres précieuses, qu'elles donnèrent la préférence. Aujourd'hui les dames ne portent plus la canne qu'aux eaux ; ainsi armées, elles se donnent des airs masculins qui n'ont rien de commnn avec la gravité de la mère et la modestie de la jeune fille.

III

La faveur dont jouit aujourd'hui la canne dans toutes les classes de la société semble dater de Louis XIII. Gens

(1) La canne que portait cette reine devrait plutôt s'appeler bâton ; elle s'en servait bien moins comme objet de toilette que comme instrument de cruauté. Cette cruauté se montre dans un trait bien digne du bâton féodal au xi⁰ siècle. Constance assista, dans l'église, au jugement de son propre confesseur Étienne, condamné au feu comme hérétique. L'ayant rencontré en sortant du tribunal, elle lui creva les yeux avec son bâton.

On appelait alors *piété* ces actes inhumains.

de robe, gens d'épée, gens de cour la portaient alors comme objet de toilette. C'est à cette époque qu'on voit apparaître la *sarbacane*, une arme de guerre bien plus qu'un simple bâton, et dont on se servait pour envoyer des dragées aux dames à l'aide de son tuyau creux. C'est ainsi que les muguets de Paris faisaient la petite guerre; mais il est à supposer que ces projectiles doucereux ne furent pas du goût de tout le monde, puisque la canne creuse fut défendue.

IV

Sous Louis XIV apparaissent, magnifiquement sculptées, les cannes à pomme, à béquille et à bec de corbin d'or. Colbert en portait une de cette espèce, dont il ne se séparait jamais, même quand il entrait chez le roi. Louis XIV toléra cette manie; mais, voyez comme naissent les prérogatives, la manie de Colbert devint un privilége pour ses successeurs, à qui seuls il était permis d'entrer chez le roi avec une canne... pourvu qu'elle fût à bec de corbin.

Sous ce règne, le cérémonial n'excluait pas la canne, celle à pomme surtout, que les gentilshommes de la cour portaient avec cette majesté que vous savez. Charles Lebrun a représenté les principaux personnages d'alors : Villars, Créquy, Luxembourg, Vauban, Catinat, Turenne, avec de petites cannes d'ébène.

V

Sous Louis XV, la canne s'était considérablement allongée.

Lafayette, à son retour d'Amérique, s'était présenté à la cour avec une canne d'une telle dimension, que dès lors les cannes longues furent seules à la mode.

La canne longue était devenue indispensable à la majesté de la démarche, à la gravité du maintien. Elle était le complément obligé, l'accompagnement nécessaire de la perruque.

VI

La Révolution, qui avait brisé le bâton féodal et royal, ne tarda pas à raccourcir les cannes, et, sous le Directoire, on vit apparaître les *incroyables*, — affreux bâtons tordus que les gens de bel air faisaient tournoyer en marchant.

VII

La civilité moderne ne permet pas de faire une visite de cérémonie une canne à la main. Je trouve cette interdiction tout au moins puérile. Je ne vois pas en quoi ce pacifique bâton peut être attentatoire à la bienséance, comme aussi je ne puis lire sans protester intérieurement ces mots inscrits à l'entrée des musées et autres établissements publics : « On est prié de déposer sa canne au vestiaire!!! » Je comprends l'exclusion des chiens... mais non de la canne... qui est devenue pour tant de gens plus qu'une habitude : une nécessité.

VIII

Porter la canne est un art qui se devine et ne s'apprend pas. Celui qui n'est pas venu au monde avec des dispositions naturelles ne la portera jamais avec grâce. Suivant de quelle manière on la tient, elle vous prête l'air d'un niais, d'un homme d'esprit ou d'un bourgeois important. Elle a même le pouvoir de donner de la contenance à celui qui en manque. « Quand on est embarrassé de ses mains, me disait un jour Méry, on les met au bout de sa canne. » — Ce qui est mieux reçu que de les mettre dans ses poches.

IX

Les gens de lettres sont en général fort amateurs de la canne. J'en connais qui ne sortent jamais sans un jonc respectable à la main ; mais, rassurez-vous, ce n'est point à méchante intention. A part quelques bretteurs politiques qui s'intitulent hommes de lettres, parce qu'ils jettent chaque matin leur bave malsaine, sous forme de Premier-Paris, plus ou moins littéraire, dans un journal de grand format, les écrivains d'aujourd'hui sont gens fort pacifiques, et s'ils se fustigent quelquefois entre eux, c'est avec leur plume et non avec leur canne.

« Pourquoi ce gros bâton avec vos bonnes jambes, demandai-je un jour à un de mes confrères qui, du temps des anciens Grecs, se fût fait volontiers disciple d'Antisthène.

— Ça, me répondit-il en riant et en me montrant son gourdin, c'est parce que j'ai peur des chiens.

— Je croyais que c'était pour vous donner un air de majesté, prononçai-je en souriant.

— Un écrivain, répliqua le philosophe, étant plus en

vue que beaucoup d'autres hommes, ne doit se distinguer que par la rigidité de ses mœurs. »

La canne ne venait de répondre que par une leçon de sagesse à une impertinence.

X

Un critique bien connu par une canne respectable, sans laquelle il ne s'aventure jamais dans la rue, me disait un jour :

« Savez-vous pourquoi je porte toujours cette canne?

— Probablement pour faire respecter, d'une façon peu littéraire, les droits de la critique!

— Vous vous trompez, me répondit-il; avec son terrible aspect, mon bambou n'a jamais fustigé un seul des ennemis que peut m'avoir faits ma plume un peu trop franche... il leur fait peur, voilà tout!... »

Faisant la même question à un tout jeune auteur, dont la canne sévère jure un peu avec sa physionomie enjouée et avec son âge qui est encore celui de la badine, il me répondit :

« Je porte la canne, parce que cela vous donne un petit air de rentier qui fait plaisir!!! »

XI

Être rentier ! Charmante perspective... doux espoir
caressé par tant d'hommes de lettres. —Mais il ne suffit
pas de porter la canne pour le devenir, ô mon jeune ami,
il faut travailler !... Il y a des rentiers dans la littérature
comme dans le commerce et l'industrie, mais songez
que ceux qui ont fait fortune dans les lettres ont pâli
longtemps sur les livres et ont sué la plume à la main.
Quelle que soit votre intelligence, jamais, sans le travail,
la fortune ne vous apparaîtra ailleurs que dans l'azur de
vos rêves !... Et nous ne sommes plus à cette époque de
la vie facile où Jacob pouvait aller de Bersabée à Haran,
en Mésopotamie, son bâton à la main et sans un sou
dans sa poche.

Le bâton, en ce bel âge, représentait l'activité... le
travail. Aujourd'hui, la canne représente trop souvent
l'indolence, le *far niente*.

XII

Il existe pourtant une canne qui représente toujours
le travail et qui, grâce aux progrès de la civilisation, ne
se change plus jamais en arme meurtrière : c'est la
canne des compagnons.

Les avez-vous vus, ces chevaliers errants du travail,
chacun tenant à la main une canne à pomme, tout en-
rubannée, faire la conduite à l'un de leurs frères qui se
met en route?...

La canne est la marque distinctive du compagnonnage
La plus grave insulte qu'on puisse faire à un compagnon, c'est de la lui arracher. Certaines sociétés les ont
longues, d'autres plus courtes. Ces dernières sont pacifiques. Les longues, garnies de fer, passent pour guerrières.

Autrefois, les ouvriers des divers états se livraient
entre eux, dans les grandes villes surtout, des rixes
sanglantes, et, quand ils se rencontraient sur les routes,
ils se saluaient volontiers à coups de canne.

Aujourd'hui, les diverses sociétés de compagnonnage
n'obéissent plus qu'au sentiment de solidarité, qui doit
unir tous les travailleurs de la terre.

Les cannes longues et les cannes courtes frater-
nisent.

XIII

J'ai pour voisin de campagne un vieux marquis qui a
la passion des cannes, il s'en est fait une collection des
plus intéressantes, beaucoup sont d'une grande valeur

artistique. Il y a là depuis la sarbacane des raffinés de la cour de Louis XIII, jusqu'à la canne à bec de corbin des majestueux personnages de la cour de Louis XIV.

La canne à pomme du règne de Louis XV y figure à côté du moderne rotin. Le marquis, en vous faisant visiter son bizarre musée, vous montre avec bonheur celles qui — dit-il avec une conviction profonde — ont appartenu à quelque célébrité :

L'un de ces bâtons mirifiques est étiqueté.

« Canne de Louis XIV. C'est celle que le grand roi « jeta par la fenêtre afin de ne pas en frapper Lauzun le « jour où celui-ci, dans la grande galerie de Versailles, « brisa son épée devant le roi parce qu'il lui avait refusé « le bâton de grand maître d'artillerie qu'il lui avait « promis.

« — Je ne veux plus servir un roi qui manque à sa « parole, avait dit Lauzun en brisant son épée.

« — Je ne veux pas qu'on puisse me reprocher d'avoir « frappé un gentilhomme, avait dit le monarque en « jetant son bâton. »

« Si la canne de Louis XIV est apocryphe, l'anecdote peut être vraie, dis-je au marquis un jour où il me faisait visiter sa collection.

— Et moi, répondit-il d'un ton sec, je doute de l'anecdote, mais la canne est authentique !... »

Je compris que j'avais froissé mon voisin. Je me promis de rester sur mes gardes.

« Tenez, ajouta-t-il avec vivacité... voyez celle-ci... en

douterez-vous encore? Je vous montrerai son certificat d'origine si vous l'exigez... C'est la canne de Frédéric II, de Prusse....

— Cette canne à pomme... celle du grand Frédéric?..

— Précisément, lisez plutôt ce qui la concerne au revers de son étiquette. »

Et je lus :

« Canne de Frédéric II, roi de Prusse. C'est la même
« dont son père Frédéric-Guillaume se plaisait à rosser
« même les dames, quand il se promenait dans les rues
« de Berlin.C'est la même dont ce père barbare frappa,à
« deux reprises différentes, et faillit tuer le grand prince
« qui devait avoir un jour l'honneur de compter Voltaire
« au nombre de ses courtisans. »

Pendant que je lisais, le marquis ouvrait un vitrage où se trouvaient classées une collection de cannes à bec de corbin, et il m'en présenta une dont l'étiquette portait :

« Canne de Voltaire. C'est la même qu'il tenait à la
« main le 1er avril 1778, jour où il fut reçu en triompha-
« teur à la Comédie française et couronné par le prince
« de Beauvau. »

Le marquis me montra ainsi tour à tour plusieurs autres cannes célèbres. Chacune avait sa légende. Je me serais bien gardé maintenant de paraître douter d'une seule... Je le louai même beaucoup.

« Ne croyez pas, me dit-il, qu'en faisant cette collec-tion la curiosité seule m'ait servi de guide. Je ne suis pas un maniaque ; je suis un philosophe. Pascal a dit : —

L'homme est un roseau pensant... Eh bien ! toutes ces cannes sont des roseaux... Je vois donc en elles les hommes qui les ont portées, et je me dis : —Ces cannes furent un instrument passif entre les mains de ces hommes comme ils furent eux-mêmes un instrument entre les mains du Créateur...

— Le marquis aurait-il une araignée ? » pensais-je.

Il continua :

— Vous ne sauriez croire la passion que j'ai mise à chercher toutes ces curiosités, et les heures délicieuses qu'elles me procurent.—Rien de ce que l'homme laisse en mourant ne le représente mieux que sa canne. Tandis que, dans le cours de la vie, on change si souvent de vêtements, de voitures, de chevaux, de maisons, hélas ! et même d'amis,—c'est la même canne qui vous reste toujours et qui vous accompagne jusqu'à vos derniers pas.

— C'est vrai, murmurai-je impassiblement.

— Je vais vous en montrer une des plus extraordinaires... des plus curieuses...» prononça-t-il avec enthousiasme et tout heureux de mon assentiment.

Et ce disant, il détacha d'un rayon un rustique jonc dont l'étiquette portait :

« Cette canne est une de celles dont se servirent
« deux moines persans pour apporter en Europe les
« premiers œufs de vers à soie. »

Je poussai un *oh !* admiratif tout en me disant :

« Décidément, le marquis a une araignée. »

Je ne serais pas surpris s'il me montrait un jour, avec le même accent de conviction, la canne dans laquelle

Altken apporta en Provence, au vie siècle, la première racine de garance.

XIV

De nos jours, on a approprié la canne à divers usages. Les unes peuvent servir de parapluie, d'autres de parasols. Il y en a à musique et auxquelles on peut faire exécuter un pas redoublé, il y en a même dont on peut se faire un siége. Je ne plaisante pas. La canne, qui, jusqu'à présent, semblait principalement destinée à aider à marcher, peut également servir à s'asseoir. Au moyen d'un mécanisme ingénieux, on n'a qu'à pousser un ressort, la canne s'ouvre, s'élargit ; une toile se déroule et vous offre à l'instant un siége parfait.

XV

Dé toutes les cannes d'invention moderne, la plus extraordinaire est celle qu'un physicien, de mes amis, vient de mettre d'accord avec la loi de sûreté des Parisiens. Il a inventé une arme défensive, dans la force du

terme, et absolument bénigne, — comme doit être toute
canne de bonne compagnie.

Une nuit, vers les une heure du matin, le physicien
et moi nous marchions bras dessus bras dessous, quand
au loin, sur un banc, mon ami aperçut deux hommes
qui semblaient attendre notre arrivée.

« Voici peut-être deux rôdeurs, me dit-il, je vais les
aveugler pour qu'ils nous laissent tranquilles. »

Je crus à une mystification; mais à peine dit, aussitôt
fait. Un jet de lumière étincelante sortit soudain de la
canne du physicien et alla frapper en plein visage les
deux hommes du banc, ils se levèrent brusquement,
cherchèrent à garantir avec la main leurs yeux éblouis.

« Ce sont de vrais rôdeurs, prononça mon compagnon, voyez leur gourdin... »

La première stupeur passée, les deux hommes s'éloi-
gnèrent en murmurant.

Mon ami le physicien a trouvé le moyen d'installer
dans sa canne une pile électrique et une petite lampe à
deux charbons, avec un réflecteur à court foyer. — En
pressant un bouton, une fenêtre mobile s'ouvre, la pile
fonctionne et un jet de lumière électrique frappe le but
comme le ferait un projectile.

C'est une canne-fusil, lançant un rayon électrique.

A cent mètres, la canne électrique aveugle parfaitement un homme ; elle fait à volonté de la nuit le jour,
là où elle dirige sa lumière.

XVI

C'est de l'Afrique, de l'Inde et des deux Amériques que nous viennent les roseaux — joncs, rotins, bambous — qui servent à la fabrication de nos cannes. Cette fabrication alimente aujourd'hui plusieurs industries, et jamais l'art ne l'avait élevée à un si haut point de perfection.

On fabrique aussi des cannes avec l'ébène, le bois de fer, les vertèbres de requins, le cuir verni, les tiges de palmiers, de citronniers, d'oliviers, de bois d'épine ou de ceps de vigne.

L'artiste peut façonner ces différentes tiges suivant son goût et son caprice. Il n'y a plus de forme particulière pour la canne moderne ; le bec de corbin a perdu ses prérogatives.

XVII

J'ai vu à l'exposition de 1867 des cannes bien gracieuses, montées élégamment d'or, d'argent et de platine, façonnées en relief, en tête d'animaux, en pied de biche, en serpents enlacés, et tout cela enchâssé de rubis, de turquoise, de topaze, d'améthyste, etc.

Et en voyant toutes ces belles cannes, je songeais à la mienne, qui n'est qu'un modeste rotin.

XVIII

Mais tout modeste qu'il est, — mon rotin, — je ne l'échangerais pas contre la plus belle canne du monde, le lapidaire aurait-il enchâssé un diamant dans sa monture.

Pourquoi ?...

C'est qu'il m'a été donné — un jour où je partais pour voyage — par un aimable poëte de mes amis. Voici les vers qui l'accompagnaient :

> Il existe un pieux usage
> Qui veut qu'à l'heure des adieux
> Deux amis se donnent un gage :
> Accepte ce rotin, et de ses triples nœuds
> Que notre amitié soit l'image.

On voit que si le rotin peut servir quelquefois à vider une querelle, il peut servir aussi à consolider les nœuds de l'amitié.

XIX

A côté de la canne sérieuse, plaçons la *badine* flexible et folâtre.

La badine! quel joli nom pour une canne, et comme elle exprime bien la jeunesse qui s'en fait un jouet. Voyez-la dans la rue, à la promenade, aux courses, — où nos jeunes dames la portent sous le pseudonyme de *steakh*, — quelle grâce dans sa démarche, quelle désinvolture dans tous ses mouvements; elle est bien un peu vaniteuse, mais elle n'est jamais arrogante. Elle n'a la prétention ni de servir d'appui, ni de gouverner le monde, — malgré ses petits airs de conquérant qu'elle prend à son heure. — Compagne indispensable d'un don Juan à petite moustache, elle en a souvent la fatuité, surtout quand elle pose entre un lorgnon et un gant jaune... Elle est même quelquefois un peu taquine... mais on lui pardonne vite tous ces petits défauts, en songeant qu'elle est la compagne de la jeunesse folâtre et *badine*.

A peine sorti du collége, le jeune homme commence par se munir d'une badine. Plus tard, quand il sera devenu sérieux, quand l'adolescence aura fait place à la virilité, le sourire à la gravité... alors il laissera la badine; ce sera le moment de prendre la canne.

Hélas! une tristesse descend dans mon âme, le moment de la canne est venu et je vois s'avancer l'heure où elle devra faire place au bâton.

Mais pourquoi assombrir par une phrase triste un sujet que je ne devrais traiter qu'en style badin?... Je reviens donc à la badine, ainsi nommée parce qu'elle est créée pour être un badinage en action. Il n'est pas rare de rencontrer un jeune dandy, faisant pirouetter sur le trottoir sa badine flexible, — au risque d'éborgner les passants, — tout en fredonnant un air d'opéra avec des notes plus ou moins justes.

XX

A vingt ans, on porte la badine; à trente ans, la canne; à soixante ans, le bâton. Que si à vingt ans on ne porte pas la badine, c'est qu'on a une prédisposition à la mélancolie ou à une gravité précoce; comme si à trente ans on la porte encore, c'est qu'on a conservé un caractère jeune et jovial. De même que si, à soixante ans, on se promène sur les boulevards, le jarret tendu et la canne à la main, c'est qu'on a la prétention de plaire comme à trente.

XXI

Il est une autre canne — antithèse de la badine — qui avait sa place marquée dans ce livre. Autant celle-ci est flexible, autant celle-là a de raideur et de rigidité ; autant l'une se montre vive et enjouée, autant l'autre est grave et sérieuse. Et pourtant, malgré son allure sévère, plus encore que la badine elle se donne volontiers des airs de conquête et cherche à exciter l'admiration. C'est en effet une canne admirable et qui attire de suite les regards par sa magnificence et sa fierté.

Elle aime la parade, la pompe, le faste, l'éclat ; elle a le port majestueux, la démarche superbe, l'aspect guerrier. Ce n'est pourtant point une canne de guerre ; elle n'a jamais fait couler le sang humain, quoiqu'elle ait souvent affronté les combats. Elle est entrée jadis à Berlin, à Vienne, à Moscou, à la tête des régiments, réglant le pas des tambours battant la marche, et on l'a vue naguère, impassible sur les champs de bataille, — commandant la charge à la baïonnette.

Cette canne magistrale, glorieuse entre toutes, la plus grande des cannes, c'est celle du tambour-major.

XXII

Une des plus belles conquêtes de la Révolution, c'est l'égalité devant la canne. Elle ne sert plus, comme au temps jadis, à distinguer le gentilhomme du roturier ; bourgeois et grands seigneurs la portent également ; elle s'est démocratisée — d'aucuns disent encanaillée — et elle n'en est devenue pourtant que plus façonnée et mieux polie.

Avant 1789, la canne, entre les mains d'un noble, était orgueilleuse, hautaine, insolente, toujours prête à se lever sur l'échine du bourgeois qui se courbait encore humblement devant son pouvoir héréditaire. Elle avait la raideur, l'arrogance, l'impertinence, le geste, c'est-à-dire toutes les manières, toutes les habitudes du bâton féodal ; elle était la tradition matérielle du droit du plus fort, dont le peuple avait conservé l'ancien respect.

Aujourd'hui, — éternel effet des révolutions sociales, — la canne du grand seigneur a pris des allures tout à fait bourgeoises, d'arrogante elle est devenue pateline, et ses instincts féodaux ont fait place à des sentiments d'aménité.

C'est que les échines des roturiers se sont redressées au niveau de celles des marquis, les *petites gens* ont grandi, de *rien* ils sont devenus *quelque chose,* et la gent bâtonnable à merci s'est arrogé le droit de bâtonner à son tour.

Dès lors, les cannes nobles et les roturières ont marché de pair et se sont saluées au passage.

Passez, monsieur le comte, passez, monsieur le baron, sur le trottoir de droite ou le trottoir de gauche, le lorgnon à l'œil et la canne superbe, voici venir devant vous un homme qui s'est anobli lui-même par ses vertus, et qui ne relève que de son intelligence et de son travail... Comme vous, il porte la canne!... Rendez-lui son salut, monsieur le marquis, sa canne sort du même fabricant que la vôtre.

LA CANNE DE M. THIERS. — LE BATON DE MAC-MAHON.

Pendant plus de deux ans, une simple petite canne, d'origine bourgeoise, a gouverné la France (1), et cette canne, — toute petite qu'elle était, — a signé un traité de paix avec un sceptre... le sceptre ensanglanté du despote de l'Allemagne.

Le 24 mai 1873, un bâton guerrier a succédé à cette canne pacifique.

---

(1) M. Adolphe Thiers, élu président de la République française, le 17 février 1871. — Ce sera l'éternelle gloire de cet homme d'État illustre d'avoir rétabli l'influence morale de la France, après avoir signé un traité de paix avec nos cruels envahisseurs.

17.

C'est au maréchal de Mac-Mahon qu'a été dévolu le pouvoir souverain.

Puisse le bâton que tient le nouveau président de la République relever l'immortel drapeau de la France!

LIVRE SEPTIÈME

LES PROVERBES DU BATON

Dans la bouche d'un fou il y a un bâton. — Le blé est le bâton de l'homme.
— La science est le bâton de la vie. — A vaillant homme court bâton. —
Un proverbe de Salomon. — Pendant que le bâton va et vient, les épaules
se reposent. — Bâton porte paix. — Bâton porte paix et faquin faix.
— Être réduit au bâton blanc. — Le tour du bâton. — Faire sauter à
quelqu'un le bâton. — A vilain ne mets pas le bâton en main. — Commander à la baguette. — Il crie comme un aveugle qui a perdu son bâton.
— Il faut bien s'assurer de son bâton. — Martin-bâton. — Ce sont des
bâtons flottants. — Tirer au bâton avec quelqu'un. — Tirer aux courts
bâtons. — Faire une chose à bâtons rompus. — Mettre des bâtons dans
les roues.

I

Dans la bouche d'un fou il y a un baton.
Ce proverbe est de Salomon. Chez les Arabes, bâton
est synonyme de châtiment. Salomon a voulu dire que le
fou portait en lui son propre châtiment.

II

Le blé est le baton de l'homme, c'est-à-dire sa force.
Ce proverbe prend aussi sa source dans l'Écriture sainte.

« Je briserai le bâton du pain, » dit le Psalmiste. Ce qui signifie qu'en privant l'homme du pain, c'est comme si on le privait de son bâton.

III

LA SCIENCE EST LE BATON DE LA VIE. Ce proverbe n'a pas besoin de commentaire.

Jeune homme, qui êtes encore à cet âge heureux où l'on porte la *badine*, quand viendra l'âge où vous aurez besoin d'un bâton pour soutenir vos pas chancelants, faites que vous ayez alors la science qui soutient l'esprit.

IV

A VAILLANT HOMME COURT BATON, proverbe dont la signification est absolument la même que celle de cet autre : A VAILLANT HOMME COURTE ÉPÉE. Voici l'explication que donne M. Quérard :

« Les Spartiates, si renommés par leur courage, avaient des épées très-courtes. Un d'eux, à qui l'on en demandait la raison, répondit : « C'est pour frapper l'ennemi de plus près. » L'épée romaine, qui conquit le monde, n'était pas plus longue que l'épée des Spartiates. Ce proverbe était autrefois celui des nobles, qui avaient seuls le privilége de porter l'épée. Les roturiers, dont l'arme était un bâton, disaient : *A vaillant homme court bâton.* Toutefois, il se pourrait que bâton eût été mis ici pour épée, les deux mots étant jadis synonymes. Froissard décrivant la bataille de Poitiers, dit que « là furent donnés et reçus maints horions de haches, d'épées et d'aultres bastons de guerre. » — La synonymie est plus clairement établie dans ce passage de Rabelais, où Picrochole entre en fureur contre Toucquedillon, qui vient de percer Rastineau : « Et voyant l'espée et fourreau tout diapré, dist : T'avait-on donné ce baston pour, en ma présence, tuer malignement mon tan bon ami Rastineau? »

V

Bon et mauvais cheval ont besoin d'éperon,
Bonne et mauvaise femme ont besoin du baton.

Boccace attribue ce proverbe au sage Salomon ; mais ce roi voluptueux aimait trop le beau sexe pour être ainsi irrévérencieux envers lui. Il vante trop poétiquement, en maints versets de ses Proverbes, «la femme gracieuse, » pour avoir souhaité du bâton à la «femme bonne. »

« Il vaut mieux habiter dans une terre déserte qu'avec une femme querelleuse et colère, » dit aussi ce sage dans son livre des Proverbes. C'est cette mauvaise femme, « semblable au toit mal couvert, qui dégoutte toujours », — « supplice d'un mari », — qui, aujourd'hui comme autrefois, a *besoin du bâton.*

VI

PENDANT QUE LE BATON VA ET VIENT, LES ÉPAULES SE REPOSENT.

Ce proverbe porte le cachet de l'humour. Il s'emploie au figuré, tantôt ironiquement, pour peindre la fâcheuse situation d'un individu continuellement exposé aux coups réitérés de la mauvaise fortune, tantôt sérieusement pour dire qu'il n'est point de peine aussi persistante qui n'ait quelque légère intermission. Le même proverbe est usité chez les Portugais : « *Em quanto o pao cai e vom, folgao as costas :* Pendant que le bâton va et vient, les côtes se reposent. » Ils s'en servent comme d'une sentence morale par laquelle ils font entendre qu'il ne faut pas désespérer et que le malheur laisse toujours un peu de répit, dont on doit s'empresser de profiter conformément aux intentions du Dieu qui châtie ceux qu'il veut ramener à lui.

VII

Baton porte paix.

On n'attaque point une personne qui est en état de se défendre ; un homme armé est une puissance avec laquelle on est forcé de vivre en paix. En maints pays, le bâton est appelé vulgairement le *juge de paix*.

VIII

Baton porte paix et faquin faix.

Dicton comminatoire qu'on adresse à un malotru ou à un brouillon pour faire entendre qu'on l'empêchera de troubler la paix en le traitant comme un faquin, c'est-à-dire en lui appliquant sur les épaules une rude charge de coups de bâton. Le mot *faquin* signifiait autrefois crocheteur, portefaix. Il doit être ajouté à la liste de ceux qui ont dégénéré, car il ne signifie plus guère aujourd'hui qu'un petit maître présomptueux, impertinent, sans mérite, un être pétri de ridicule et de petitesse et pour lequel Roqueplan a inventé ce mot typique : *petit crevé*.

IX

ÊTRE RÉDUIT AU BATON BLANC.

On prétend que cette expression est une allusion à l'ancien usage par lequel les soldats d'une garnison qui avaient capitulé sortaient de la place avec un bâton à la main, c'est-à-dire avec un bois de lance dégarni de fer. Mais on se trompe certainement, car l'usage dont on parle ne fut introduit que parce que le bâton dépouillé de son écorce était un symbole de dénuement et de sujétion, affecté particulièrement aux suppliants et aux prisonniers.

On sait qu'aux termes de la loi salique, le meurtrier, obligé de quitter le pays, lorsqu'il ne pouvait payer la composition, sortait de sa maison en chemise, *déceint, déchaux et bâton en main, palo in manu.* Une disposition analogue se trouve dans cette autre formule : *Partir avec un petit bâton et du bien faire l'abandon.* On voit dans les *Antiquités d'Anvers*, par Gramage, que les confrères de l'arc de la ville de Weda se présentèrent devant les statues des saints avec des bâtons blancs dans les mains en signe de dépendance.

« Je ne plains pas les garçons, dit Luther ; un garçon vit partout, pourvu qu'il sache travailler ; mais le pauvre petit peuple des filles doit chercher sa vie avec un bâton blanc à la main. »

X

LE TOUR DU BATON.

On appelle ainsi les profits casuels et souvent illicites d'un emploi. Cette expression vient, suivant Borel, des deux mots *bas* et *ton*, parce que l'on veut faire un gain injuste, on ne le dit qu'à voix basse — d'un *bas ton* — à l'oreille des personnes qu'on met dans ses intérêts. Ce que Boursault a répété dans les vers suivants d'*Ésope à la cour* :

> Quand on y fait un bail de quoi que ce puisse être
> Et qu'on a dit tout haut ce qu'on en offre au maître,
> On prend un ton plus bas pour le revenant bon,
> Et voilà ce que c'est que le *tour du bâton*.

La Monnoye tire l'expression du petit bâton avec lequel les joueurs de gobelet exécutent leurs tours de passe-passe. — Moissant de Brieux pense qu'elle fait allusion au bâton des maîtres d'hôtel. Elle peut faire allusion tout aussi bien au bâton de huissiers, ou mieux encore au bâton des juges suppléants qui, toutes les fois qu'ils étaient appelés à remplacer les titulaires, dans les temps de la féodalité, grevaient les plaideurs de quelques frais surérogatoires ; les seigneurs les y autorisaient pour se dispenser de les payer et partageaient même avec eux. — C'est ce qui rendait la justice seigneuriale beaucoup plus chère que la justice royale et faisait dire que *justice coûte moult souvent plus que ne faut.*

XI

FAIRE SAUTER A QUELQU'UN LE BATON, l'obliger à faire quelque chose contre son gré. — Allusion à un amusement des bergers qui, faisant sortir le troupeau de la bergerie ou l'y faisant rentrer, se placent sur la porte avec leur bâton élevé horizontalement à une certaine hauteur pour se donner le plaisir de le faire sauter à leurs bêtes. C'est ainsi que plusieurs parémiographes ont expliqué cette locution. Mais Le Laboureur, dans son *Discours sur l'usage des armes*, pense qu'elle peut avoir une origine historique qu'il rapporte à l'usage primitif du sautoir, qui fut, selon lui, un instrument d'exercice avant de devenir une pièce armoriale connu sous le nom de croix de Saint-André. Voici ses propres paroles :

« La bande et la barre jointes ensemble composent le *saultour* ou *saultoir*, l'usage duquel est moins connu que la figure et l'étymologie, car il est évident qu'il est ainsi appelé *a saltando* du verbe sauter, mais je ne saurais vous dire si cette figure servait autrefois aux exercices de notre jeunesse, qui aurait passé deux perches en la manière qu'on dépeint le sautoir pour acquérir l'agilité tant nécessaire à la chasse et à la guerre en sautant et bondissant par-dessus, ou si, dans leurs petites débauches, ils contraignaient les passants de sauter ou franchir ces perches ou bourdons, d'où serait venu ce proverbe : *On lui fait sauter le bâton.*

On dit aussi *sauter le bâton* dans le même sens que *franchir le pas, franchir l'obstacle,* et même *franchir le mot,* comme l'atteste, pour cette dernière acception, l'exemple suivant, tiré de la comédie *le Flatteur,* par J.-B. Rousseau :

> (Il dit) que vous étiez d'une humeur si flottante,
> Si bourru — ou bourrue — *il sauta le bâton.*

XII

A VILAIN NE METS PAS LE BATON EN MAIN.

Ce proverbe signifie qu'il ne faut jamais confier l'autorité, dont le bâton est le symbole, à un homme sans naissance et sans éducation, parce qu'un homme de cette espèce est fort sujet à s'oublier et à devenir insolent, lorsqu'il a quelque pouvoir.

Aristote recommandait à Alexandre de n'investir d'aucun commandement ceux que la nature aurait faits pour obéir, et c'est probablement ce sage conseil qui a suggéré notre proverbe.

Claudien a remarqué, dans ses invectives contre Eutrope, que rien n'est plus dur qu'un goujat élevé au-dessus de sa condition :

> *Asperius nihil est humili cum surgit in altum.*

Aujourd'hui, le goujat redouté, c'est le riche parvenu. — Il est persuadé que sa fortune peut tenir lieu de bonne éducation ; mais voyant que les gens bien élevés l'ignorent, il se venge de leur mépris en commandant ses serviteurs *à la baguette*.

XIII

COMMANDER A LA BAGUETTE.

C'est commander d'une manière hautaine et dure. *Être servi à la baguette*, c'est-à-dire avec respect et promptitude. Quelques auteurs ont vu dans ces façons de parler une allusion à la baguette magique dont la vertu ne connaît point d'obstacle : d'autres pensent avec plus de raison qu'elles ont rapport à la baguette que l'on donnait comme signe d'autorité aux chefs civils et militaresi.

XIV

IL CRIE COMME UN AVEUGLE QUI A PERDU SON BATON, pour dire : qui a perdu ce dont il avait le plus besoin.

Ce proverbe a pour corollaire : un apothicaire sans

sucre, un banquier sans argent, un négociant sans crédit ; *c'est un aveugle qui a perdu son bâton*, c'est-à-dire un homme qui manque des choses les plus nécessaires à sa profession.

XV

Le bâton a fourni plusieurs autres locutions proverbiales : IL FAUT BIEN S'ASSURER DE SON BATON, c'est-à-dire du moyen qui doit produire le succès d'une entreprise. N'AVOIR NI BATON NI VERGE, c'est-à-dire être sans défense, sans protection, sans soutien. Le mot bâton, pour soutien, entre dans beaucoup d'autres locutions dans le genre de celles-ci : *Trouver dans son fils le bâton de sa vieillesse*, etc., etc. Heureux le père qui, arrivé à *l'âge du bâton*, «trouve dans son enfant celui de sa vieillesse. »

XVI

MARTIN-BATON.

C'était autrefois l'usage de donner des noms de saints aux animaux, et l'âne reçut, dit-on, le nom de Martin.

Mais pourquoi donna-t-on de préférence à l'âne le nom
de Martin?... Ne serait-ce point par allusion au mot *mart*,
qui forme le radical de plusieurs vocables qui désignent
des objets servant à frapper ou qui en expriment l'action,
comme *marteau, marteler, martinet*, etc. ? *Martin-bâton*
paraît naturellement venir de là, et signifie le *bâton* de
Martin, c'est-à-dire le bâton avec lequel on fait aller *Martin*. Il est probable qu'on n'a donné la dénomination de
Martin à l'âne que parce que, ordinairement, on prodigue
des coups de bâton à cet utile animal.

XVII

Rabelais fait dire à Panurge, parlant de sa future
femme : « Je la battrai, si elle me fasche ; martin-bâton
fera son office. »

Et cette fable :

> Martin-bâton accourt, l'âne change de ton :
> Ainsi finit la comédie.

La synonymie de *martin* et *bâton*, dans le langage familier, est bien ancienne. On sait que Jeanne d'Arc jurait
par son martin, c'est-à-dire par son bâton.

XVIII

Ce sont des batons flottants, se dit des personnes et des choses qui, considérées à distance, paraissent fort importantes, et qui, examinées de près, ne le sont pas du tout.

Allusion à cette fable d'Ésope, où des voyageurs aperçoivent au loin, sur la mer, quelque chose qui d'abord leur semble être un vaisseau, puis une barque, et qui n'est enfin qu'un fagot de sarment que les vagues poussent vers eux.

Que de choses jugées admirables, qu'on peut justement assimiler, après examen, à ces bâtons flottants!... Que d'objets auxquels on peut appliquer ce vers:

> De loin c'est quelque chose et de près ce n'est rien.

XIX

Tirer au baton avec quelqu'un. Cette expression s'emploie en parlant d'une personne en discussion avec une autre de moindre condition, au sujet d'une prééminence ou de quelque avantage que celui-ci lui conteste. On dit: *Tirer au bâton*, pour se disputer l'autorité dont le bâton est l'image.

XX

TIRER AUX COURTS BATONS, se disait autrefois de *tirer à la courte-paille*. Cela s'explique par l'expression *festuca* employée dans le langage du droit romain, et qui signifie presque toujours *baguette*, *petit bâton*.

Le jeu de la courte-paille, qui n'est plus guère usité de nos jours, se rapporte à l'usage de couper en deux parties égales le brin de bois ou de paille, symbole de l'investiture, pour les rapprocher ensuite et les produire au besoin en témoignage. On lit dans une charte de 1401, citée dans le glossaire de Carpentier : « S'en sont venus dessaisir par ram (rameau) et par baston en la main dudit. »

XXI

FAIRE UNE CHOSE A BATONS ROMPUS. Cette expression est une métaphore prise d'une batterie de tambour, qui consiste à faire jouer les bâtons ou baguettes alternativement et par intervalles, ce qu'on appelle *rompre les bâtons ;* c'est le contraire d'*aller rondement*. Faire une

une chose à *bâtons rompus* ne signifie donc point la faire *vite, peu sérieusement* ou *par manière de jeu,* comme on l'imagine, mais bien *faire une chose après de fréquentes interruptions, à diverses reprises, mais avec suite et réflexion.*

XXII

METTRE DES BATONS DANS LES ROUES. Avant l'invention du sabot et du frein dit *la mécanique,* on se servait de bâtons pour enrayer les roues d'une charrette et l'empêcher de marcher. Donc, *mettre des bâtons dans les roues* de quelqu'un, c'est l'empêcher de *faire son chemin.* Autre figure qui exprime, pour les uns, d'arriver à la fortune ; pour d'autres, aux dignités ou à la renommée.

Il est rare que celui qui n'arrive pas au but de ses souhaits ne dise pas : « C'est parce qu'on m'a mis *des bâtons dans les roues.* »

Un industriel échoue dans une entreprise, un banquier fait faillite, un avocat n'est pas élu député ou préfet, et tous assurent également qu'on leur a mis *des bâtons dans les roues.* Aucun n'a l'idée de se demander s'il a bien fait tout ce qu'il fallait faire pour réussir.

Il est si commode d'accuser les autres, pour se dispenser de s'accuser soi-même.

Combien s'arrêtent en chemin et qui, par leur nonchalance, leur imprévoyance, leur inhabileté, se sont mis eux-mêmes *des bâtons dans les roues!*

Ce proverbe a cours surtout chez l'aspirant homme de lettres. Si sa pièce est refusée au théâtre, son feuilleton au journal, son livre chez l'éditeur, il se pose de suite en victime de la jalousie, et prétend qu'on lui a mis *des bâtons dans les roues.* Il ne se doute pas que sa pièce est peut-être impossible, son feuilleton ennuyeux et son livre vulgaire.

Eh! mon jeune ami, êtes-vous bien sûr que votre œuvre est parfaite et qu'on ne vous l'a pas refusée afin de vous engager à mieux faire?

Voici à ce sujet une anecdote qui me concerne :

J'avais alors à peine vingt ans; je venais d'écrire mon premier livre, et j'eus l'heureuse idée d'en soumettre le manuscrit à un de nos critiques des plus érudits, rédacteur en chef d'une grande revue.

Naturellement, je croyais mon œuvre irréprochable.

« Je vous promets de lire votre manuscrit d'ici à huit jours, » m'avait dit le rédacteur en chef.

Huit jours après, j'étais dans son cabinet. Je voyais mon œuvre ouverte sur son bureau; je comprenais qu'il l'avait lue.

« Êtes-vous courageux ? me dit-il tout à coup.

— Peut-être oui! balbutiai-je, étonné de cette brusque demande.

— Êtes-vous travailleur ?

— Je le crois.

— Eh bien! j'ai lu votre œuvre... il y a du bon... mais

vous pourriez mieux... Auriez-vous le courage de la refaire sans la relire?... »

Je tombais de mon septième ciel.

« Si vous me le conseillez !...

— Non-seulement je vous le conseille, mais je vous y engage. »

Et il me remit mon manuscrit en me disant :

« Rapportez-le-moi refait ; mais surtout ne le relisez pas.

— La preuve que je veux suivre vos conseils, la voici, » répondis-je. »

Et comme la cheminée flambait, j'y jetai héroïquement ma prose, ce qui parut charmer mon Aristarque.

« Très-bien, » fit-il en souriant.

Il me donna quelques conseils et je sortis... un peu triste, mais point découragé.

Trois mois après, mon œuvre, refaite, était insérée dans la revue et ensuite publiée en volume.

Je ne puis me souvenir de ce premier pas dans la carrière des lettres sans en tirer cette conclusion : que plus d'un se figure *qu'on lui a mis des bâtons dans les roues*, et qui pourtant aurait très-bien *fait son chemin*, s'il n'avait pas oublié cet autre proverbe : *Il faut bien s'assurer de son bâton.*

XXIII

Ne touchez pas au baton.

Ce proverbe prend son origine dans l'usage qui existe
encore, — surtout parmi les enfants, — et qui consiste
à se placer un petit bâton sur l'épaule et de dire à celui
qu'on veut provoquer :

« Touche à ce bâton si tu l'oses... si tu le touches,
je frappe !!! »

XXIV

Il y a beaucoup d'autres locutions proverbiales ayant
trait au bâton ; celle-ci, par exemple : Un auteur sans
esprit, un industriel sans argent sont deux aveugles qui
ont *perdu leur bâton*.

On dit de celui qui manque de contenance, ou dont le
maintien n'est pas convenable, qu'il a *perdu son bâton*.

Et tenter des efforts inutiles pour la réussite d'un
projet, parler sans se faire comprendre ou croire, s'appelle *battre l'eau avec un bâton*.

Puissé-je, cher lecteur, en publiant ce livre, ne pas
avoir ainsi *battu l'eau avec un bâton*.

CHAPITRE DERNIER

LE BATON CIVILISATEUR

I

Il me reste à parler d'un bâton qui, de tous les temps, a joui d'une autorité incontestée, d'un pouvoir redoutable et dont la toute-puissance va toujours grandissant. Celui-là ne gouverne ni par l'arbitraire, ni par la violence, mais par là raison. S'il fait souvent trembler ses ennemis, il ne les assomme jamais. Semblable à tant de bâtons despotiques, il n'impose pas sa loi par le droit du plus fort, — *argumentum baculinum*, — mais par le droit du plus juste.

Si dans l'antiquité on a adoré les bâtons, celui-là plus que tout autre méritait des autels, car c'est lui qui a dit *Fiat lux* au monde immatériel, comme Dieu l'avait

18.

dit au monde physique ; c'est par lui que la lumière de l'esprit s'est répandue dans le monde, que les vérités éternelles nous ont été révélées, et que la civilisation étendra un jour ses rameaux sur tous les peuples de la terre.

Quel est donc ce porte-lumière... ce bâton civilisateur ?... C'est la plume !

II

Le rôle qu'a joué le bâton dans l'art d'écrire est immense. Les premières plumes n'étaient que de simples bâtons ou tiges de roseaux appelés *calam*, et nos premiers livres furent écrits sur des écorces d'arbre ou des baguettes de bois.

Ainsi plumes et livres ont pour origine le bâton.

Il est à remarquer que dans la plupart des langues le livre a été appelé comme l'arbre ou la partie de l'arbre qui a fourni primitivement la matière subjective de l'écriture. *Buch* en allemand signifie également *hêtre* et *livre*. Et ce qui prouve que cette conformité n'est pas venue du hasard, c'est que *buch-staben* exprime les lettres, — *staben* dérive de *stab*, bâton. — Ce qui rappelle que les Teutons et les Germains traçaient leurs caractères sur des baguettes de hêtre, comme les Chinois sur le bambou.

III

Non-seulement le bâton a été le premier instrument dont se soit servi l'homme pour transmettre sa pensée et composer des livres, mais sans lui peut-être les livres de nos premiers pères ne seraient point arrivés jusqu'à nous.

On sait que la plupart des manuscrits de l'antiquité étaient des *volumes*, dans le vrai sens du mot, *a volvere*, c'est-à-dire qu'ils se composaient de feuilles ajoutées les unes aux autres, écrites d'un seul côté et enroulées du côté de l'écriture sur des bâtons.

C'est donc avec des bâtons que nous avons formé nos premières bibliothèques.

Et c'est ainsi que l'instrument qui avait servi à écrire le livre servait également à le conserver.

On sait aussi que les dépêches, les messages et même les lettres de simples particuliers étaient écrits sur des écorces d'arbre et roulés à des bâtons.

A quelque point de vue qu'on le considère, on voit le bâton servir d'instrument aux hommes soit pour écrire leur pensée, soit pour la conserver, soit pour la transmettre.

N'avons-nous donc pas raison d'appeler la plume *le bâton civilisateur ?*

IV

Ce n'est guère qu'au viie siècle que le bâton, instructeur primitif de l'écrivain, a été entièrement remplacé par la plume d'oiseau (1).

Mais, comme s'il était dans les décrets de Dieu que cet instrument prédestiné serait en toute chose ce qu'il y a de meilleur et de pire, — absolument comme les langues d'Esope, — nous voyons, dans notre siècle de fer, le bâton, support de la plume métallique, détrôner à son tour la plume d'oiseau.

—

O vous qui êtes investis de ce bâton pacifique, symbole de la souveraineté intellectuelle, rappelez-vous que c'est par la plume bien mieux que par l'épée que la France doit reconquérir sa gloire ternie et garder sa place à la tête des nations civilisées. Si, depuis les temps les plus reculés, tant de bâtons despotiques se sont coalisés pour dominer et asservir les hommes, faites que celui que vous tenez à la main — en écrivant — ne serve jamais qu'à défendre la justice, la vérité, l'humanité ! Votre plume alors sera réellement le bâton civilisateur !

---

(1) Les Chinois, les Arabes et en général tous les peuples orientaux se servent encore de bâtons pour écrire.

FIN.

TABLE

LIVRE TROISIÈME.

Les Superstitions du Bâton.

DEUXIÈME PARTIE.

LIVRE QUATRIÈME.

Us et Coutumes du Bâton.

LIVRE CINQUIÈME.

Les Peines du Bâton.

LIVRE SIXIÈME.

La Canne.

FIN DE LA TABLE

LIBRAIRIE
DE LA SOCIÉTÉ DES GENS DE LETTRES
Casimir Pont, Agent

DU MÊME AUTEUR
Vient de paraître

Les Chants de la Paix, paroles et musique. 1° Chant des Paysans ; 2° Chant des Sarcleuses ; 3° Chant des Moissonneurs ; 4° Voici l'Hiver ; 5° Ce que j'aime. 1 vol., format Litoff. Prix net.. 3 fr

De mon Village. 1° Causeries du Printemps ; 2° Histoire d'une représentation célèbre donnée dans le théâtre romain d'Orange le 21 août 1869 (*sous presse*). 1 joli vol. in-18 jésus. Prix... 3 fr.

NOUVELLES PUBLICATIONS

Le Magasin littéraire de la Société des Gens de Lettres paraît le 1er de chaque mois, à partir de mars 1873, en livraison de 32 pages in-8 jésus. Prix de l'abonnement, 6 francs par an. — Envoi *franco* par la poste. — Chaque numéro contient des articles complets, et se vend séparément.................... 50 c.

L'Offrande aux Alsaciens et aux Lorrains, par la Société des Gens de Lettres, magnifique volume in-8, avec dessins de MM. Adolphe Henner et Charles Marchal ; eaux-fortes de MM. Léopold Flameng et Rajon. Prix, 5 fr. — Exemplaires numérotés tirés sur papier vergé de Hollande. Prix .... 20 fr. — Nouvelle édition, format in-18 jésus, dessin de A. Henner, eau-forte de Rajon. Prix... 3 fr.

Histoire des deux Conspirations du général Malet, par Ernest Hamel. 1 volume in-18 jésus. Prix..' 3 fr. — Nouvelle édition, format in-8, avec un magnifique portrait du général Malet. Prix.. 5 fr.

Don César de Bazan à Grenade, roman, par Henri Augu. 1 volume in-18 jésus. Prix.. 3 fr

Nouvelles et Romans, par ~oline Gravière, recueillis et publiés par le bibliophile Jacob.— 1er recueil : *l'Énigme du Dr Burg* ; — *Un Gentilhomme d'aujourd'hui.* 1 vol. in-12, papier vélin. Prix...................... 2 fr. 50

Impressions de voyage, 6e édit. *Les Hautes-Pyrénées*, par Achille Jubinal, député de ce département au Corps législatif. 1 magnifique volume in-12. Prix.. 4 fr.

Dictionnaire raisonné d'agriculture et d'économie du bétail, suivant les principes élémentaires des sciences naturelles appliquées, par Richard (du Cantal), cultivateur. 2 gros vol. in-8, orné de gravures. Prix................. 16 fr.

Paris. — Imp. Gauthier-Villars, quai des Grands-Augustins, 55. — 1499-73.